Inhalt

VORWORT & AUTORINNEN	**4**
Martina Unterfrauner & Julia Mayer über DiY-Projekte, Freundschaft und Lust auf alles Neue	
WE LOVE STREETSTYLE	**6**
1 TEIL – 3 STYLES	8
Eine Jeans dreimal anders	
DRESS UP!	10
Ein Kleid aus Strumpfhosen & ein Origami-Armband	
JETZT GIBT'S WAS AUF DIE MÜTZE	12
Sternen-Pulli, Oversize-Shirt, Leggings & Beanie	
FOR ROLLERGIRLS	16
Fransen-Ledertäschchen, Turn-around-Shirt & cooler Minirock	
DAS KLEINE SCHWARZE	18
Lässiges Kleid & XXL-Jute-Bag	
WE LOVE SHIRTS	20
Love-Shirt, Geo-Shirt, Armreif, Streifen-Clutch & Flecht-Haarband	
LIEBLINGSTEILE	24
Sweatshirt-Rock, Schmuck-Shirt & Chucks	
WE LOVE BEACH	**26**
1 TEIL – 3 STYLES	28
Ein Bikini dreimal anders	

LUST AUF EINE STRANDPARTY? **30**
Flatterkleid, Korallen-Kette & Ornament-Ohrringe

IMMER IM TREND: MARINE **32**
Gestreiftes Kleid & Häkel-Blüte

STYLE AROUND THE WORLD **34**
Rock, Ethno-Kette & Segeltuch-Rucksack

WE LOVE SHORT-CUTS **36**
Cutout-Shirt, Bandeau-Top, Print-Shorts & Armband

EIN HAUCH VON COACHELLA **38**
Pünktchen-Kleid, Rosen-Haarband, Häkel-Bikini, Fußkettchen & Animalprint-Sonnenbrille

LIEBLINGSTEILE **42**
Flip-Flops, Ohrringe, Matroschka-Brosche & Mokassins

WE LOVE PARTY **44**

1 TEIL – 3 STYLES **46**
Das kleine Schwarze dreimal anders

EIN HAUCH VON NICHTS **48**
Nude-Kleid, Creolen-Kette & Glitzer-Clutch

(K)LEIDER GEIL **50**
Maxi-Rock, Gürtel, Handycase, Pumps & Kette

GLAMOUR PUR **53**
Maxi-Kleid, Flechtgürtel & Eyecatcher-Kette

BLACK IS BACK **56**
Abendkleid & Kuvert-Clutch

LIEBLINGSTEILE **58**
Perlenohrringe, Lederkette, Ballerinas & Bolero

WE LOVE HOMEWEAR **60**

1 TEIL – STYLES **62**
Ein BH dreimal anders

KISSENSCHLACHT **64**
Unterwäsche, Shorts & Hemdchen

FILZ IT! **66**
Pulli & Pyjamahose

KUSCHEL-TIME **68**
Jumpsuit & Teddy-Wärmflasche

SUNDAY AFTERNOON **70**
Deckenjacke & Fell-Booties

NOSTALGIE PUR **72**
Vintage-Nachthemd & süße Kuschelsocken

LIEBLINGSTEILE **74**
Kuschelkissen, Schlafmaske, Kirschkernkissen & Bommel-Stulpen

WE LOVE SCHOOL **76**

1 TEIL – 3 STYLES **78**
Ein weißes Shirt dreimal anders

EIN ABSOLUTER KLASSIKER **80**
Trenchcoat-Blazer & Schmetterlingsschmuck

DER SONNE ENTGEGEN **82**
Schleifenrock, Armband & Würfelkette

WE LOVE PREPPY **84**
Print-Bluse, Pumps, Rock-Tasche & Kette

INSPIRED BY GOSIP GIRL **86**
Bandeau-Kleid, Preppy-Blazer & Armband

LIEBLINGSTEILE **90**
Haargummis, Schlampermäppchen & Kragenkette

DEIN NÄHKURS **A–B**

KLEINER HÄKELKURS **92**

IMPRESSUM & HERSTELLERNACHWEIS **96**

STRICKSCHULE **C**

RICHTIG MASS NEHMEN **D**

LEGENDE: Alle *kursiv* geschriebenen Begriffe werden in den Grundkursen erklärt. Die **Vorlagen** findest du unter www.christophorus-verlag.de

Vorwort

Kreativität bedeutet für uns Ausprobieren, Freude und die Möglichkeit, uns selbst entfalten zu können.

Wir sind keine ausgebildeten Schneiderinnen, sondern haben Modegrafik bzw. Modedesign an Münchener Modeschulen studiert und uns alles Weitere durch „Learning by doing" im Laufe der Zeit selbst beigebracht. Wir haben beide bei der MÄDCHEN die Kreativ-Seiten betreut und direkt beim ersten Kennenlernen beschlossen, wir müssen Freundinnen sein!

Uns verbindet seitdem nicht nur die Leidenschaft für jegliche Form von Kreativität, sondern auch eine private Freundschaft.

Neben der Arbeit an der MÄDCHEN Made by you macht Julia Styling bei Fotoproduktionen, sammelt fleißig Erfahrungen im Kostümbild und bloggt über Mode und Lifestyle. Martina gründete nach Abschluss zur Mode- und Kommunikationsgrafikerin eine Fashion-Agentur. Sie lebt und arbeitet heute als Grafikerin, Designerin, Illustratorin und Leiterin von Kreativ-Workshops in München.

Wir wollen euch zeigen, dass sich mit einfachsten Mitteln alles zaubern lässt: Dazu braucht man keine Schneiderin zu sein! Kreativsein bedeutet, viel Herumprobieren und auch mal scheitern und sich dadurch nicht entmutigen lassen! Wenn das Grundprinzip klar ist, wirst du sehen, wie die Ideen in dir wachsen.

In diesem Buch möchten wir unsere Leidenschaft für Stoffe und Farben weitergeben, Berührungsängste nehmen und zur eigenen Kreativität anregen! Manchmal reicht ein bisschen Nagellack, um mit Draht tolle Ringe zu gestalten oder deine Sonnenbrille zu pimpen. Viele Schnitte basieren auf Kreisen und Rechtecken und machen komplizierte Schnittmuster überflüssig.

Wir möchten euch zeigen, wie mit einfachen Dingen tolle Werke entstehen können, wenn man sich nur traut.

HABT VIEL SPASS BEIM NACHARBEITEN DER PROJEKTE!!

ALLES LIEBE VON

Martina UND *Julia*

www.misu-design.de

www.juliamayer.eu

Streetwear

DER PERFEKTE ALLDAY-LOOK IST COOL,
UNKOMPLIZIERT UND 100 PROZENT DU!
EGAL OB EINE SEXY JEANS, EIN OVERSIZE-
SHIRT ODER DIE ANGESAGTE BEANY –
MACH NACH, WORAUF DU LUST HAST ...

Richtig cool:
Jeans mit
Comic Patches

Sweet
Rock
mit
Strass

COMIC-JEANS

Das brauchst du: ✶ alte (Lieblings-)Jeans
✶ schwarz-weiße Comic-Servietten
✶ Serviettenkleber für Textilien
✶ Acryl- oder Stoff-Farben (neonfarben von Rayher) ✶ Pinsel ✶ Bügeleisen

So geht's: Du willst deine Jeans pimpen? Dann ist die Serviettentechnik total easy. Wichtig ist, dass die Jeans knitter- und fusselfrei ist. Breite zuerst die Stelle, an der das Motiv aufgebügelt werden soll, flach aus. Jetzt ein Stück Papier dazwischenlegen und dünn mit Serviettenkleber bestreichen. Nun die Motive aus der Serviette ausschneiden und die oberste (!), dünne Schicht vorsichtig abziehen und möglichst glatt und faltenlos auf der Jeans platzieren. Zum Schluss wieder eine dünne Schicht Serviettenkleber über das Motiv pinseln und gut trocknen lassen. Mit Acrylfarben bemalen und alles mit dem Bügeleisen fixieren.

1 TEIL – 3 STYLES

DIE ZEITEN, IN DENEN **JEANS** REINE ARBEITERHOSEN WAREN, SIND LÄNGST GESCHICHTE. HEUTE IST DIESER STOFF KULT. COOL, WAS MAN AUS DEM ALLROUNDER ALLES MACHEN KANN.

Jeansshorts für Hippie Girls

DIESE HOSE ROCKT...

Das brauchst du: ✱ alte Jeans ✱ Schere ✱ Nähmaschine ✱ Strasssteine und Nieten ✱ Kleber

So geht's: Du kannst ganz einfach aus einer alten Jeanshose einen heißen Minirock machen. Dazu die Hosenbeine bis knapp über dem Zwickel (Rockpasse) abschneiden. Aus den Hosenbeinen 2 gleich breite und lange Streifen zuschneiden. Das werden die vordere und hintere Rockbahn. Das Passenteil an den Seitennähten ca. 3 cm weit auftrennen. Vordere und hintere Rockbahn auf die Breite des Passensaums einreihen bzw. in kleine Falten legen und rechts auf rechts feststecken und *steppen*. *NZ* auseinanderbügeln. Rock nach links wenden und Seitennähte *steppen*. **Tipp:** Den Tascheneingriff kannst du mit Nieten und Strasssteinen edel verzieren.

HIPPIE-YIPPIE-YEAH

Das brauchst du: ✱ Jeans ✱ Hornhautraspel ✱ Stecknadeln ✱ Garn ✱ Schere ✱ Nähmaschine (oder Handnähnadel) ✱ Musterborte

So geht's: Die Hose wird auf die gewünschte Länge gekürzt. Dabei 3 cm Stoff für Fransen einplanen. Wer keine Lust hat zu warten, bis die Hose franst, schnappt sich jetzt sofort eine Stecknadel und trennt den Stoff auf. Dazu ein paar Querfäden auf einmal nach unten so weit herausziehen, bis 3 cm lange Fransen entstanden sind. Mit dem Hornhautraspel bekommst du den Used-Effekt an den gewünschten Stellen. Wichtig dabei: Die gewünschte Stelle während der Bearbeitung ordentlich von innen nach außen herausdrücken. So entstehen klare Ränder und es werden keine falschen Fäden gezogen. Jetzt die Borte auf Taschenbreite – plus je 1 cm *Nahtzugabe* pro Schnittkante – zuschneiden. *Nahtzugaben* einklappen und die Borte auf den Taschen feststecken. Nun nur die seitlichen Ränder annähen, damit sich die Tasche noch nutzen lässt. Eventuell mittig mit der Hand fixieren.

BLÜTEN-TASCHE

Das brauchst du:
✲ Stoff für die Außenseite (ca. 60 x 30 cm)
✲ Futterstoff für die Innenseite ✲ Stoff für die Blüte ✲ Vlieseline ✲ Textil- oder Bastelkleber ✲ Maßband
✲ Schneiderkreide ✲ Nähmaschine
✲ vorgefalztes Schrägband (ca. 1,40 m)

Die Tasche besteht aus zwei Stoffkreisen, die (mit dem Innenfutter) zusammengenäht sind:

So geht's: Stoff in der Mitte falten und einen Kreis mit 15 cm Radius aufzeichnen. Für den Tascheneingriff wird der Deckel des Kreises abgeschnitten, sodass eine gerade Kante (ca. 15 cm lang) entsteht. Jetzt Ringsherum mit 0,5 cm *NZ* ausschneiden. Futterstoff identisch zuschneiden. Jetzt hast du insgesamt 4 Teile. Im nächsten Schritt je ein Stoff- und ein Futterteil rechts auf rechts aufeinanderlegen. Dann nur den Tascheneingriff, also die gerade Kante, *steppen* und nach rechts wenden. Kante bügeln. Den Vorgang bei den anderen beiden Teilen wiederholen. Jetzt hast du die Vorder- und Rückseite der Tasche. Die beiden Taschenseiten rechts auf rechts aufeinanderlegen. Dabei zeigen die rechten Stoffseiten des Futters nach außen. Taschenrundung ringsherum zusammenstecken und *steppen*. Noch nicht wenden! Denn jetzt wird als Nächstes das Schrägband an der unteren Mitte der Tasche angesetzt und bis zum Tascheneingriff *aufgesteppt*. Die Naht mit *Rückstich* sichern. Dann das andere Ende des Schrägbands ebenfalls von der unteren Mitte beginnend in die entgegengesetzte Richtung bis zum Eingriff aufnähen. Achte darauf, dass sich das Schrägband nicht verdreht! Schrägband umschlagen und von unten beginnend steppen, dabei den Tragehänkel ebenfalls falten und mitsteppen. Tasche wenden.

Blüte: Vlieseline auf die Rückseite des Stoffes bügeln. Daraus dann ca. 19 Kreise mit einem Radius von 2,5 cm ausschneiden. Mit der Schere bis zur Mitte des Kreises einschneiden und die Kreise, an der Schnittstelle ca. 1,5 – 2 cm überlappend, zu kleinen „Hütchen" kleben. Von außen nach innen 3 Blütenkreise legen. Bevor du sie festnähst, stecke sie mit Stecknadeln fest.

MBY TIPP

Tipp für ungeübte Näherinnen: Nimm statt Strumpfhosen zwei verschiedenfarbige T-Shirts. Diese zuerst in Längsstreifen schneiden, dann die Seitennähte auftrennen. So erhältst du jeweils 2 Farbstreifen.

DAS KLEID BESTEHT NUR AUS STRUMPFHOSEN ...
DRESS UP!

Das brauchst du:

✱ 4 blickdichte Strumpfhosen in unterschiedlichen Farben (je länger das Kleid werden soll, desto mehr Strumpfhosen werden gebraucht) ✱ Nähmaschine ✱ gut sitzendes Top als Vorlage

So geht's:

Aus einzelnen Strumpfhosen wird ein Streifenstoff genäht!

1. Zuerst die Beine der Strumpfhosen abschneiden.

2. Jetzt die Beine an der vorderen Mittelnaht aufscheiden und flach bügeln, sodass du insgesamt acht Farbstreifen hast. Vier für das Vorder- und vier für das Rückteil.

3. Nun werden je vier Streifen zu dem vorderen Colour-Block gelegt. Dabei jeweils einen Streifen von jeder Farbe nehmen und leicht überlappend übereinander anordnen.

4. Mit Stecknadeln die Kanten gut fixieren und auf der Vorderseite mit *Zickzack-Stich steppen* (s. Grundkurs *Jersey nähen*).

5. Überlappung auf der Rückseite knapp zurückschneiden.

6. Den rückwärtigen Colour-Block gegengleich legen und genauso wie das Vorderteil steppen.

7. Die beiden Colour-Blocking-Teile rechts auf rechts aufeinanderlegen. Achte darauf, dass die Farbstreifen exakt aufeinanderliegen. Dazu diese am besten mit Stecknadeln fixieren.

8. Jetzt kommt das Top, das als Vorlage dient, zum Einsatz. Leg es auf den Colour-Block und zeichne einmal mit Kreide rundherum. Dabei den Saum auf deine Wunschlänge verlängern.

9. An den Schulter- und Seitennähten 1 cm *Nahtzugabe* einzeichnen und dann sorgfältig zuschneiden.

10. Seiten- und Schulternähte rechts auf rechts *steppen*.

11. Kleid wenden. Fertig!

SÜSSES LEDER-ARMBAND

Das brauchst du: ✱ *Vorlage* ✱ verschiedenfarbige Lederreste ✱ kleine, spitze Schere ✱ Ripsband: ca. 2,5 cm breit und ca. 10 cm länger als dein Handgelenks ✱ Druckknöpfe zum Einstanzen

So geht's: *Vorlage* vom *Vorlagebogen* abpausen, auf das Leder übertragen und exakt ausschneiden. Formen ineinanderstecken, sodass sich auf der Vorderseite das Schuppenmuster ergibt (siehe Abb.). Auf der Rückseite mit dem Band durch-

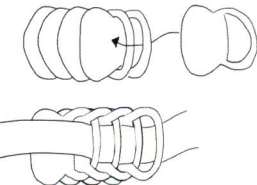

weben. Armband anprobieren und die Enden mit jeweils 1,5 cm mehr Länge für den Über- und Untertritt zuschneiden. Bandenden *versäubern* bzw. das Ripsband mit dem Feuerzeug leicht ansengen, damit die Kanten nicht auftrennen. Druckknöpfe einstanzen.

SÜSSER STERNEN-PULLI
FOR STARS ONLY

Das brauchst du:
✱ alten Sweatshirt-Pulli ✱ verschiedenfarbige Stoffreste ✱ *Vliesofix* ✱ Schere ✱ Nähmaschine ✱ *Vorlage*

So geht's:

1. Ausschnitt vom Pulli abschneiden.

2. Sterne von der *Vorlage* abpausen und auf die Stoffreste übertragen.

3. *Vliesofix* auf die Stoffrückseiten bügeln (nur auf Papierseite bügeln) und dann die Sterne ausschneiden. Nur das Papier der kleinen Sterne abziehen und auf die großen Sterne bügeln.

4. Mit *Zickzack-Stichen* (bitte einen sehr kleinen Stichabstand einstellen) die markierten Ziernähte *nachsteppen*. Dabei an den Ecken immer absetzen, die Nadel im Stoff stecken lassen, das Nähfüßchen nach oben stellen und die Arbeit in die entsprechende Richtung weiterdrehen.

5. Die fertigen großen Sterne auf den Pulli bügeln und ebenfalls mit *Zickzack-Stichen* aufnähen.

Shirt bitte umblättern

Leggings bitte umblättern

JETZT GIBT'S WAS AUF DIE MÜTZE ...
COOLE BEANIE

Das brauchst du:

✱ dicke Häkelnadel (Nr.10-12) ✱ verschiedenfarbiges Jerseygarn: gibt es fertig auf der Rolle zu kaufen

So geht's:

Die Beanie wird von unten nach oben in hin- und hergehenden Runden *gehäkelt*, was den Vorteil hat, dass der Rundenübergang sich nicht verschiebt und du leicht einen sauberen *Farbwechsel* hinbekommst!

1. Maschenprobe: 10 Maschen x 10 Reihen = 10 x 10 cm.

2. Bestimme mit einem Maßband deinen Kopfumfang und berechne damit deine benötigte Maschenzahl. Da sich Jersey stark dehnt und die Mütze eng am Kopf anliegen sollte, ca. 7 – 9 cm vom Messwert abziehen. Wir haben für eine durchschnittliche Kopfgröße M (54 cm) mit 45 Maschen *gehäkelt*.

3. 45 *LM* anschlagen und mit 1 *KM* zur Runde abschließen.

4. 1 *LM* anschlagen, die Arbeit wenden und die Runde mit *festen Maschen* wieder zurückhäkeln bis zum Rundenschluss.

5. Runde mit einer *KM* abschließen. Wie breit ein farbiger Streifen sein soll, bestimmst du. Einfach am Rundende mit neuer Farbe beginnen.

6. Punkt 4 & 5 wiederholen, bis du eine Höhe von ca. 14 cm erreicht hast.

7. 4 Maschen verteilt *abnehmen*.

8. 1 Runde ohne Abnehmen *häkeln*.

9. In den folgenden Runden so lange 6 Maschen verteilt abnehmen, bis du zum Schluss noch 5 Maschen in Arbeit hast.

10. Den Arbeitsfaden abschneiden und mit einer dicken Nadel durch die verbleibenden Maschen weben und Faden sorgfältig vernähen.

MBY TIPP: Du kannst auch selbst Wolle herstellen. Schneide aus einem alten (Männer-)Shirt ca. 1 cm breite Streifen zu. Vom Shirt alles oberhalb vom Ärmelansatz abschneiden und den unteren Teil spiralförmig im Kreis zuschneiden, damit du ein zusammenhängendes langes Garn erhältst. Wenn du den Steifen dehnst, wird er dünn, sehr lang und du kannst ihn zu einem Knäuel aufwickeln.

COOLES OVERSIZE-SHIRT
HALLO HASE ...

Das brauchst du:
✶ weißes Shirt ✶ Textilkreide ✶ Bügeleisen ✶ Backpapier ✶ *Vorlage*

So geht's:

1. Zuerst das Shirt ohne Weichspüler waschen, damit es appreturfrei ist und die Kreide gut hält.
2. Die *Vorlage* auf die entsprechende Größe kopieren und evtl. schwarz nachzeichnen.
3. In das Shirt schieben und mit Kreide nachzeichnen.
4. Mit Backpapier abdecken und bügeln, fertig!

TIERISCHE LEGGINGS

Das brauchst du: ✱ farbige Leggings ✱ schwarze Leggings (zum Unterziehen) ✱ schwarze Textilstempelfarbe ✱ dicker Moosgummi ✱ alte (Papp-)Rolle von Klebeband ✱ Kleber ✱ *Vorlage*

So geht's: Zum Bestempeln ziehst du die Leggins am besten an. Eine alte, schwarze Leggings als Schutz für die Beine drunter ziehen. Schneide die Form der *Vorlage* aus dem Moosgummi aus und klebe sie auf eine leere, stabile Papprolle (wie die von doppelseitigem Klebeband). Tunke sie in die Stempelfarbe und rolle das Motiv auf die Leggins. So vermeidest du viereckige Abdrücke von einem Stempelblock. Den Seitenrand der Kleberolle solltest du trotzdem immer wieder abwischen, um ein sauberes Ergebnis zu erhalten. Motiv beliebig oft aufrollen, trocknen lassen und Farbe nach Anleitung fixieren.

STELL DOCH SEINE WELT AUF DEN KOPF ...

TURN AROUND SHIRT

Das brauchst du:

* Männer-Shirt (mit Aufdruck) * Schere
* Gummiband (ca. 30 cm) * Nähmaschine

So geht's:

1. Breite das Shirt umgedreht vor dir aus. Den Halsausschnitt parallel zum Saum in gerader Linie abschneiden. Das wird dein neuer Shirt-Saum.

2. Ärmel an der Naht entlang abschneiden und Shirt nach links wenden. Die entstandene Ärmelöffnung an den Seitennähten wieder zunähen.

3. Shirt wieder nach rechts wenden und ca. 2 cm von der oberen (alten) Saumkante entfernt an beiden Seitennähten 21 cm lange, senkrechte Schlitze einschneiden bzw. die Naht auftrennen. Das sind deine neuen Armlöcher.

4. Der alte, rückwärtige Saum wird als Tunnelzug für den Rücken-Ausschnitt umfunktioniert. Hier bitte jetzt das Gummi durchziehen. Dazu jeweils an den Seitennähten innen 2 kleine Löcher knipsen und den zugeschnittenen Gummi mithilfe einer Sicherheitsnadel durchziehen. Enden an den Seitennähten erst mit Nadeln fixieren.

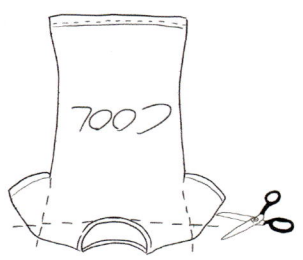

5. Top anprobieren und die Gummiweite evtl. anpassen und festnähen. Das Vorderteil soll schön wasserfallartig fallen.

Gummi

LEDER-FRANSEN-TÄSCHCHEN

Das brauchst du: ✻ ein altes Täschchen oder eine Kosmetiktasche ✻ Lederreste (Länge entspr. dem Umfang des Täschchens, Breite entspr. deiner Wunsch-Fransenlänge) ✻ Schere ✻ Trägerband oder Schnürsenkel ✻ Bastelkleber ✻ Zierbänder oder Perlenband (Meterware) ✻ Lineal und Bleistift

So geht's: Auf der Rückseite des zugeschnittenen Lederstreifens in gleichmäßigen Abständen parallele senkrechte Linien einzeichnen. 1 cm von der oberen Kante entfernt eine horizontale Linie einzeichnen. Mit der Schere entlang der senkrechten Linien bis zum Schnittpunkt schneiden. Fransenband rundherum an die Oberkante des Täschchens kleben. Borten aufnähen und Träger annähen.

HIP UND GLAMOURÖS
SCHLAUCH-ROCK

Cool

Das brauchst du:

✻ Basic-Jersey-Rock mit Gummibund ✻ Longsleeve ✻ Nadel und Faden ✻ einige Stecknadeln ✻ Nähmaschine ✻ Schere

So geht's:

1. Ärmel vom Longsleeve abschneiden und ineinander verschlingen.
2. Die entstandene Schlinge mit Handstichen fixieren.
3. Rock anziehen und den Knoten des „Drappee-Teils" mittig an Wunschposition feststecken.
4. Die losen Jersey-Enden des Drappees so ziehen, dass es gut sitzt.
5. An den Seitennähten mit einigen Nadeln feststecken, festnähen und überstehenden Stoff knapp abschneiden.

ALLES JUTE!

Das brauchst du: ✱ Baumwolltasche ✱ Leder ✱ altes dickes Kabel (z. B. Skatkabel) ✱ Schere ✱ Nähmaschine mit Ledernadeln ✱ Garn ✱ Lederklebeband ✱ Hammer

So geht's: Hast du Lust, deinem schlichten Jute-Beutel einen edlen Look zu verpassen? Dann ersetz den unteren Teil einfach durch einen Lederboden. Dazu die unteren 15 cm des Beutels abschneiden, 1 cm wird die *NZ*. Das Schnittmuster für den Lederboden ist die Taschenbreite x 30 cm + 1 cm *NZ* an jeder Kante. Die Seitenkanten des Leders bei 1 cm *schließen* und die *NZ* mit dem Hammer auseinanderklopfen (siehe MBY-TIPP). Nun wird die Tasche mit dem Boden *verstürzt*. Für die Träger werden Kabel in der Länge des alten Baumwollträgers (plus 0,5 cm *NZ*) gebraucht. Die Trägerbreite ist der Kabelumfang + 2 cm *NZ* und Mehrweite. Die Enden bitte 5 cm offen lassen und auf der übrigen Länge je 0,5 cm einklappen und mit Lederklebeband *NZ* auf *NZ* fixieren, bei 0,3 mm absteppen und das Kabel einziehen. Jetzt die Enden 0,5 cm einklappen und mit Lederklebeband fixieren, mit der Unterkante gerade auf die alte Trägerposition kleben und die Unterkante bei 0,3 cm *feststeppen*. Fertig!

MBY TIPP

Bei Leder werden die Nahtzugaben am besten mit dem Hammer auseinandergeklopft. Und mit Lederkleber (auch als Band erhältlich) festgeklebt. So wird das Material geschmeidig und sperrt sich nicht gegen den Schnitt. Da Stecknadeln das Leder löchern, wird bereits im Vorhinein auch geklebt.

DAS KLEINE SCHWARZE (MAL GANZ LÄSSIG)!
SCHLAUCHKLEID

Das brauchst du:

* (Strick-)Jersey-Stoff (wichtig ist ein hoher Elasthananteil, sodass nichts ausfranst. Darauf achten, dass die Rückseite des Stoffes schön aussieht, da diese sichtbar nach oben getragen wird) * Gummiband 0,7 cm breit und ca. 50 cm lang * Schere * Nähmaschine * Garn * Kreide * Sicherheitsnadel

Stoffverbrauch (bei einer Stoffbreite von 145 cm): ca. 150 cm

Nahtzugaben: ringsherum 1,5 cm

So geht's:

Das Vorderteil besteht nur aus einer langen Stoffbahn, die über der Brust von einem Gummi gehalten wird. Das untere Ende wird einfach nach oben geklappt und mit einem Band im Nacken gebunden.

Die Länge unseres Kleides (von der Stelle, wo der Gummi das Kleid über der Brust hält, bis unten gemessen) beträgt 59 cm.

1. Aus dem Jersey in Richtung Fadenlauf eine lange Stoffbahn für das Vorderteil zuschneiden: Länge 131 cm + *NZ*, Breite 1/2 *HÜ* + *NZ*. An der langen Stoffkante 73,5 cm von unten nach oben hin abmessen und mit einem Kreidestrich markieren. Auf der anderen Seite wiederholen. Auf dieser Höhe wird die Stoffbahn später nach oben geklappt. Die untere schmale Seite der Stoffbahn 1,5 cm nach rechts (!) umbügeln und im Abstand von 1 cm parallel zur *Bruchkante* einen *Tunnelzug steppen*. Zum Durchfädeln eine Sicherheitsnadel an das Bindeband stecken.

2. Für das Rückteil ein Rechteck zuschneiden: Länge 59 cm (+ obere und untere *NZ*), Breite: 1/2 *HÜ* + *NZ*

3. Untere schmale Stoffkante (Saum) des Rückteils 1,5 cm nach links umbügeln und mit *Zickzack-Stich feststeppen* (siehe Grundkursanleitung *Jersey nähen*).

4. Vorder- und Rückteil an der schmalen oberen Stoffkante rechts auf rechts aufeinanderlegen und die langen Seiten-

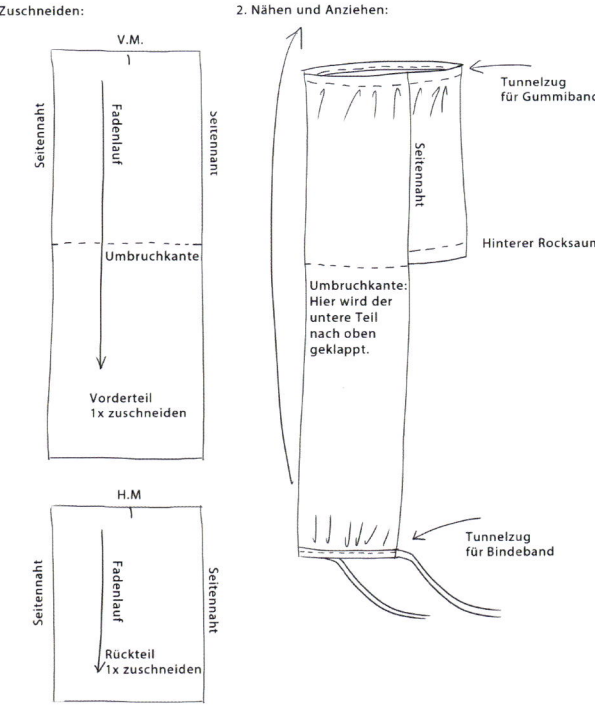

nähte bis zum Saum des Rückteils *zusammensteppen*. *NZ* sorgfältig bügeln.

5. Die obere Stoffkante rundherum 1,5 cm nach links umbügeln und 1 cm vom Rand entfernt eine *Tunnelnaht steppen* (siehe Grundkursanleitung *Tunnel*). Gummi über der Brust an dir abmessen und mit 2 cm *NZ* zuschneiden. Gummi durch den Tunnel ziehen und Enden 1 cm überlappend mit *Zickzack-Stich zusammennähen*. Tunnelnaht ganz schließen.

COOL, SPORTLICH, STYLISH

STATEMENT SHIRTS GEO VS. LOVE

Das brauchst du:
* weißes Top * Fashionspray (von Marabu) * Papertape * Folie * Bügeleisen oder Backofen

So geht's:
1. Zuerst das Top ohne Weichspüler waschen, damit es appreturfrei ist.

2. Den Tisch gut mit Folie auslegen. Jetzt in das Top ebenfalls Folie stopfen. Das garantiert, dass die Rückseite farbfrei bleibt.

3. Muster mit Tape abkleben. Jetzt viel Farbe auf das Shirt sprühen. Wir haben oben Grün, unten links Gelb und unten rechts Türkis genommen. Die Aquarelleffekte und -verläufe entstehen durch „zu viel" Farbe, die ineinander und unter das Tape läuft. Hier gilt: Mehr ist auch mehr!

4. Gut trocknen lassen und Farbe nach Anleitung fixieren.

Das brauchst du:
* schwarzes Top * Klebestreifen * Neon-Acrylfarben (am besten aus der Tube mit einer Düse) * Schwämmchen * Bügeleisen * Folie * Pinsel

So geht's:
1. Das Top flach vor dir ausbreiten und ein Stück Folie dazwischenschieben.

2. Mit Klebestreifen das Wort „Love" abkleben.

3. Etwas Neonfarbe auf dem Schwämmchen verteilen und um die Schrift herum auftupfen.

4. Mit der Tube zusätzlich einige Spritzer zufällig darüber verteilen

5. Mit Neonfarbe und Pinsel das Wort „Revolution" schreiben.

6. Gut trocknen lassen und mit dem Bügeleisen fixieren.

LÄSSIGES FLECHT-BAND

Das brauchst du:
* 270 cm weiche Gummikordel * Nadel & Faden * Schere

So geht's: Gummi in Drittel ausmessen und ein Drittel abschneiden. Die lange Kordel in eine Schlaufe legen und die kurze in diese legen. Mit den drei Strängen die ersten Zentimeter locker flechten. Dann gleichmäßig stramm ziehen. Auf angenehme Kopfweite flechten und die Enden in den locker geflochtenen Teil hineinschieben und so „verstecken". Mit Nadel und Faden sichern.

MINIFORMAT, MAXIWIRKUNG!

STREIFEN CLUTCH

Das brauchst du:

* alten Stoff- oder Ledergeldbeutel
* verschiedenfarbige Bänder bzw. Stoff- oder dünne Lederreste
* ein Stück Stoff
* Vliesofix
* Schrägband
* Textil- oder Heißkleber
* Backpapier

So geht's:

1. Aus dem Stoff ein Rechteck mit den Maßen des Geldbeutels zuschneiden. Die Bänder ca. 2 cm länger zuschneiden als die Breite des Rechtecks.

2. Vliesofix auf das Rechteck bügeln (auf Papierseite bügeln), auskühlen lassen und das Papier entfernen.

3. Bänder auf das Rechteck auflegen, sodass die Enden zu beiden Seiten überstehen. Backpapier drauflegen und bügeln.

4. Bänder jeweils an der oberen und unteren Kante *knappkantig* mit der Nähmaschine auf den Stoff *steppen*.

5. Seitlich überstehende Kanten bündig mit dem Rechteck sauber abschneiden und mit *Schrägband einfassen* (siehe Grundkursanleitung).

6. Bänder-Hülle straff um den Geldbeutel spannen und festkleben. Wenn möglich mit der Nähmaschine oder Nadel und Faden zusätzlich am oberen Rand fixieren.

OBERARMSPANGE

Das brauchst du: * Lederstreifen (Länge: etwas kürzer als der Umfang deines Oberarms, Breite ca. 3 cm) * farbige Bänder oder Borten (Leder, Satin, Samt, Rips, Borten o. Ä.) * Filzstreifen (etwas schmäler und kürzer als der Lederstreifen, damit er nicht hervorblitzt) * Aluminiumbasteldraht * Heiß- oder Bastelkleber

So geht's: Lederstreifen zuschneiden und die farbigen Bänder aufnähen. Filzstreifen zuschneiden. Draht knapp doppelt so lang (ca. 1,5 cm kürzer) wie den Filzstreifen zuschneiden und in der Mitte zusammenbiegen. Draht mittig auf der Unterseite des Lederbandes positionieren, die Ränder des Filzstreifens mit Kleber bestreichen und auf die Rückseite des Leders kleben, sodass der Draht zwischengefasst wird. In Form biegen. Fertig!

MBY TIPP

Du kannst mit dieser Technik auch Haarreifen oder Gürtel gestalten! Einfach die Länge anpassen und an den beiden Enden lange Bindebänder befestigen!

Lieblingsteile ♡

1

2

3

1. COOLE CHUCKS

Das brauchst du: ✴ *Vorlage* vom *Vorlagenbogen* ✴ durchsichtige Klebefolie ✴ Schere ✴ Edding Textilmarker ✴ ggf. Acrylfarbe in der Schuhfarbe ✴ Pinsel

So geht's: Sollte ein Label stören, kannst du dieses mehrfach mit Acrylfarbe im Grundton der Schuhe betupfen. Zwischendurch jedes Mal gut trocknen lassen. Jetzt die *Vorlage* ausdrucken und mit durchsichtiger Klebefolie bekleben. Diese jetzt sorgfältig ausschneiden. Jetzt wird das Muster auf den Schuh übertragen. Am besten hinten mittig anfangen und mit dem Edding Textilmarker auf den Schuh durchzeichnen. Das Muster wieder anlegen, dabei ruhig die erste Reihe auf die bereits durchgezeichneten Rauten legen – so wird der Ansatz besser. Besonders lässig: Muster auf allen vier Seiten unterschiedlich weit nach vorne durchzeichnen.

Tipp: Du kannst auch selber Vorlagen erstellen: Ein Muster so aufzeichnen, dass der Ausschnitt genau aneinandergelegt werden kann. Bei kleinen Mustern, wie zum Beispiel unseres, mehrere Rapporte (kleinster Teil eines Musters, der aneinandergelegt das gesamte Muster ergibt) aneinanderzeichnen und so eine große Schablone erstellen.

2. SCHMUCKES SHIRT

Das brauchst du: ✴ Schmuckstücke (als Scanvorlage) oder Bilder aus dem Netz ✴ Shirt ✴ Lavendelöl (Reformhaus) ✴ Backpapier ✴ Malerkrepp ✴ dünnen Borstenpinsel ✴ Löffel ✴ Laserdrucker

So geht's: Den Schmuck einscannen und dann die Bilder auf einem Laserdrucker ausdrucken. Achtung: Tintenstrahldrucker funktionieren nicht! Alle Motive spiegelverkehrt ausdrucken! Jetzt das Shirt glatt bügeln. Saugfähige Unterlage (Papier) in das Shirt legen, um überschüssiges Öl aufzufangen. Shirt mit Kreppband auf dem Tisch und die ausgedruckte Vorlage mit dem Motiv nach unten auf dem Shirt fixieren. Einige Tropfen Lavendelöl in ein Gefäß träufeln und mit dem Pinsel aufnehmen. Dann die Rückseite des Motivs mit Öl bestreichen. **Wichtig:** Alle Stellen des Motivs, die übertragen werden sollen, müssen angefeuchtet sein. Aber: Es dürfen auf keinen Fall Ölpfützen entstehen. So könnte dein Motiv beim Drucken verwischen. Jetzt ein paar Minuten warten. Mit dem Löffel sehr fest mehrmals über die Motivrückseite reiben, bis sich der Druck auf den Stoff übertragen hat. Zwischendurch die Vorlage vorsichtig anheben, um das Druckergebnis zu überprüfen. Wenn nötig, einfach ein zweites Mal Öl auftragen. Die Vorlage abnehmen und das Motiv trocknen lassen. Zum Fixieren den Stoff auf der heißesten Stufe ohne Dampf bügeln (Backpapier zwischen Stoff und Bügeleisen legen). Bei 30 Grad waschbar!

3. ROCK'N'ROLL(I)

Das brauchst du: ✴ Sweatshirt-Pulli oder Rolli (mit breitem Bündchen am Saum) ✴ Gummiband (etwa in der Breite des Sweatshirt-Bündchens, ca. 70 cm lang) ✴ ca. 25 cm Gummikordel ✴ optional passende Kordelstopper ✴ farbige Bänder für die Seitenstreifen (etwas länger als die fertige Rocklänge)

So geht's: Du benötigst nur den unteren Teil des Pullis. Daher Pulli unter den Ärmeln parallel zum Saum abschneiden. Umdrehen, sodass das Bündchen nach oben zeigt. Dieses wird nun dein Rockbund. Gummiband an dir abmessen und mit 2 cm *NZ* abschneiden. An der Innenseite des Bundes ein Stück auftrennen, sodass eine Öffnung entsteht. Hier kannst du den Gummi einziehen. Die Gummienden 1 cm überlappend mit *Zickzack-Stich* zusammennähen und die Öffnung wieder schließen. An der vorderen Mitte zwei kleine Löcher einstechen und die Gummikordel durchfädeln. Eventuell Kordelstopper anbringen. Bänder auf die Länge des Rocks zuschneiden (+ je 1 cm *NZ* oben und unten). Oberes Bandende 1 cm umklappen, bügeln und auf die Seitennähte des Rocks stecken. Das untere Bandende zusammen mit dem Rocksaum 1 cm nach innen umschlagen, stecken und *aufsteppen*. Rocksaum mit *Zickzack-* oder *Jersey-Stich* steppen (siehe Grundkurs *Jersey nähen*).

Beach

Lust auf einen unvergesslichen Nachmittag? Dazu brauchst du Sonne, Sand & deine Mädels ... Und vorher? Nadel und Faden! Damit kannst du deine lässigsten Outfits für heisse Sommertage selber machen: vom süssen Bikini über das coole Eycatcher-Kleid und vielen tollen Accessoires.

1 TEIL - 3 STYLES

DU LIEBST DEINEN **SCHWARZEN BIKINI?** ER SITZT PERFEKT! ABER DU MÖCHTEST EINEN ANDEREN LOOK? DANN VERPASS IHM DOCH EIN MAKE-OVER: ROMANTISCH, SEXY ODER SPORTY

SO ROMANTISCH

Das brauchst du: ✳ Bikini ✳ Nähmaschine ✳ Schere ✳ Stecknadeln ✳ Garn ✳ pinke Pomporborte ✳ kleiner Stickring ✳ 11 orange Pompons ✳ leuchtendes pinkes, türkises und hellgrünes Stickgarn ✳ türkise und pinke Gummilitze ✳ Kreide ✳ 4 Troddeln *Vorlage*

So geht's: Das Unterbrustband aus dem Bikini ziehen. Die Seitenkanten mit pinker Pomponborte benähen. Mit Kreide ein Blumenmuster vorzeichnen (*Vorlage*) und Bikini in den Rahmen spannen. Jetzt die Blumen sticken: dafür zuerst links und oben die Kreise sticken lassen und oben links anfängst und immer von unten nach oben diagonal in den Rand des Kreises einstichst und ihn so ausfüllst. Wichtig ist dabei, gleichmäßig zu arbeiten. Jetzt um die obere Blume 5 Pompons annähen. Und einen weiteren rechts in die Mitte der Blume. Links und rechts jetzt Blütenblätter sticken. Dafür von innen nach außen arbeiten – mit einer Höchststichlänge von 0,5 cm. An breiteren Stellen mehrere Stiche verschachtelt dahintersetzen. Nun die Blumen mit grünen Stängeln verbinden. Dafür wie beim Kreis sticken, aber mit gleicher Stichlänge. Blätter entstehen durch das Verbreitern der Stiche, ein lang gezogener, spitzer Kreis sozusagen. Jetzt kommt das Höschen dran: dafür brauchst du die Gummilitze: Die türkisen an die Beinausschnitte nähen und mit den pinken den Bund ummanteln. Dafür die Litze mit Minusweite (im Bund 6 cm, an den Beinausschnitten je 3 cm weniger als das Maß des Bikinis nehmen) von hinten mit großem Kreuzstich feststeppen.

Nun die Pomponblume links auf der Hose wiederholen. Zum Schluss eine türkise Kordel flechten und als Unterbrustband einfädeln. An die Enden süße Troddeln nähen.

ECHT SPORTY

Das brauchst du: ✳ Bikini ✳ Kordel (z. B. Paracord) ✳ kleine Klickverschlüsse ✳ Schere ✳ Nähmaschine ✳ Steck- und Sicherheitsnadeln ✳ Garn ✳ Nadeln

Tipp: Während Paracord stylisher ist, ist elastisches, weiches Band bequemer und gibt mehr Bewegungsfreiheit!

So geht's: Am Oberteil die Träger abschneiden, 1,5 cm stehen lassen und Kante mit Kreuzstich versäubern. Daraus jetzt eine Lasche nähen, durch die später die Kordel gezogen wird: Dazu die 1,5 cm Stoff einschlagen und bei 1,2 cm absteppen (so entsteht der Tunnel). Jetzt zum Höschen: Hier beidseitig ca. 7 cm von der *SN* entfernt den Slip aufschneiden und Kanten *versäubern*. Dieses Mal 3 cm einschlagen und bei 2,5 cm *absteppen*. Unterbrustgummi gegen Kordel tauschen. Dabei durch jedes Bikiniteil je eine zusätzliche Kordel ziehen. Die Gitteroptik entsteht, indem ihr zuerst die beiden linken Kordeln und dann die beiden rechten miteinander kreuzt. Jetzt werden die beiden mittleren Bänder miteinander gekreuzt. Dann wieder die beiden linken und dann die beiden rechten miteinander verkreuzen. Nun Kordeln durch die Tunnel im Höschen ziehen und mit Sicherheitsnadel schließen. Kreuzungen ebenfalls mit Sicherheitsnadeln fixieren. So kann bei der Anprobe nichts verrutschen. Jetzt wird die Nacken-Kordel gefädelt. Dazu eine lange Schnur durch beide oberen Tunnel ziehen. In den Einteiler schlüpfen und richtige Kordellängen bestimmen. Nun Kreuzungen mit Nadel & Faden fixieren. Am Höschen, Nacken und Rücken die Nadeln gegen Klickverschlüsse tauschen.

VERY SEXY

Das brauchst du: ✳ Bikini ✳ Badeanzugstoff ✳ Papier ✳ Zirkel ✳ Schere ✳ Garn ✳ Nähmaschine ✳ Stecknadeln

So geht's: Die Volants werden aus dem Badeanzugstoff gefertigt. Hier dienen Kreise als Grundform. Für das Oberteil Kreise mit Radius von 6,5 cm und einem ausgeschnittenen Innenkreis mit 4 cm Radius zuschneiden. An einer Seite einschneiden und los geht das fröhliche Stecken. Von unten nach oben die Volants so verteilen, dass das gesamte Oberteil bedeckt ist, alle Volants außer dem obersten mit *Kreuzstich feststeppen*. Die oberste Rüsche verkehrt herum stecken und mit geradem Stich annähen. Umklappen und die Stiche werden unsichtbar. Seitenkanten der Volants an die Innenseite des Bikinis heften. Für den Volant am Höschen Kreise mit 9,5 cm Radius und einem Innenkreis von 3,3 cm Radius zuschneiden. Höschen ausmessen. Die Kreise aufschneiden und mit geradem Stich an den neuen Schnittkanten zusammennähen, bis ein Riesenvolant entstanden ist, der denselben Innenkreisumfang hat wie das Höschen. Den Kreis innen feststecken und mit großem *Zickzack-Stich* feststeppen. Volant umklappen und fertig ist auch das Unterteil.

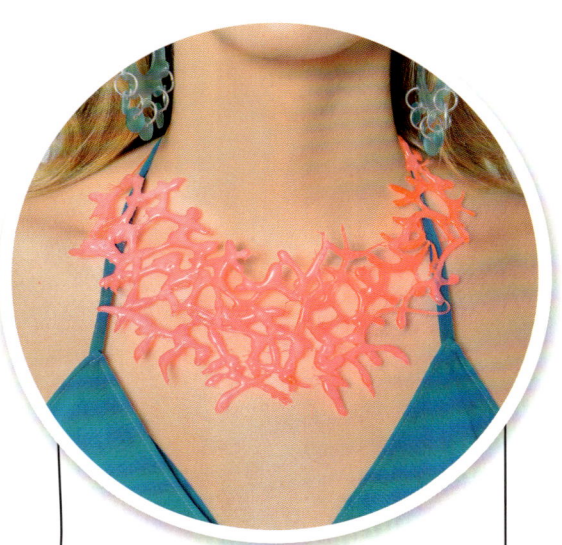

KORALLEN-KETTE

Das brauchst du: ✱ Heißklebepistole ✱ Patronen für Heißklebepistole (gibt es transparent, weiß oder auch farbig) ✱ Glasplatte oder Glasteller ✱ neonfarbenen und/oder weißen Sprühlack ✱ ein Stück Bindeband oder eine Kette mit Jump-Rings

So geht's: Auf Papier die grobe Form der Kette vorzeichnen, ausschneiden und anprobieren. Vorlage unter die Glasplatte legen. Die Heißklebepistole erhitzen. Nun mit der Pistole beliebige Muster und Ornamente in Form der Vorlage auf die Glasplatte „malen". Den Kleber kurz fest werden lassen. Das „Kunstwerk" lässt sich am besten unter kaltem Wasser vom Glas lösen! Du kannst dabei immer wieder neu anstückeln oder zum Schluss alles mit der Schere in Form schneiden. Experimentiere einfach etwas herum!

Färben: Für ein deckendes Farbergebnis das Schmuckstück zuerst mit weißem Lack grundieren, trocknen lassen und mit einem oder mehreren Farblacken besprühen. Für den transparenten Farbeffekt direkt mit dem Farbspray darübersprühen. Zum Schluss die (Ketten-)Bänder festbinden. Fertig!

MBY TIPP

Leicht gewebte Stoffe wie Chiffon ziehen sich gerne nach unten, sodass die seitlichen Rockzipfel sehr lang werden können. In diesem Fall die Zipfel einfach etwas flacher zurückschneiden.

SUPER SCHÖN AM STRAND. UND AUCH AUF JEDER SOMMERPARTY!

FLATTERKLEID

Das brauchst du:

✱ leichte Stoffe, z. B. Baumwolle, Viskose, Polyesterchiffon (Bei transparenten Stoffen wie Chiffon zusätzlich einen farblich passenden Futterstoff darunternähen: Die beiden Stoffe einfach rundherum zusammennähen und zu einer Stofflage verarbeiten!) ✱ Stoff für die Träger (je ca. 50 cm lang) ✱ Schneiderkreide ✱ Nähmaschine

Stoffverbrauch (bei einer Stoffbreite von 145 cm): ca. 2 m
Nahtzugaben: ringsherum 1 cm

So geht's:

Das Kleid besteht lediglich aus 2 großen Rechtecken!

1. Zwei Rechtecke auf dem Stoff einzeichnen und zuschneiden: Unser Kleid hat die Maße 85 cm (Vorderteil) x 100 cm (Rückenteil) und ist damit hinten länger. Um deine Wunschlänge für das Vorderteil zu ermitteln, messe in der Mitte deines Körpers ab der Höhe, wo die Träger sitzen, senkrecht hinunter.

2. Alle Kanten ringsherum mit *Zickzack-Stichen* versäubern.

3. Die beiden Rechtecke rechts auf rechts aufeinanderlegen und von unten beginnend, die vordere Mitte *steppen*, dabei die obere Ecke 14 cm lang offen lassen. Diese Öffnung bildet den vorderen Ausschnitt.

4. NZ auseinanderbügeln und die offenen Ausschnittkanten 1 cm umbügeln.

5. Träger anfertigen (siehe Grundkurs *Schrägband*) und an den Ecken rechts auf rechts festnähen.

6. Kleid – wie eine Schürze – anziehen und die Träger im Nacken binden.

7. Die offenen Seiten der beiden Kleidhälften im Rücken (ca. auf Taillenhöhe) zusammenstecken, sodass das Kleid locker am Körper fällt.

8. Kleid ausziehen, die zusammengesteckte Stelle mit Kreide markieren und das Kleid nach links wenden. Rückennaht von unten beginnend bis zu der Markierung zusammennähen.

9. Nahtzugaben auseinanderbügeln und die offenen Kanten des Rückenausschnitts 1 cm umbügeln.

10. Vordere und hintere Ausschnittkanten von rechts *steppen*. Kleidsaum umbügeln und *steppen*.

ORNAMENT-OHRRINGE

Das brauchst du: ✱ Schrumpfplastikfolie ✱ Nagelschere ✱ Wasserfester Stift ✱ Locher oder Lochzange ✱ Jump-Rings (Durchmesser ca. 1 cm) ✱ kleine (Schmuck-)Zange ✱ Ohrring-Haken ✱ *Vorlage*

So geht's: *Vorlage* vom *Vorlagebogen* abzeichnen und auf die Schrumpfplastikfolie übertragen. Möglichst rund ausschneiden. Mit dem Locher an den Markierungen Löcher einstanzen. Nach Anleitung in den vorgeheizten Ofen legen. Nach dem Abkühlen eine Seite des Ohrrings mit wasserfestem Stift bemalen. Jump-Rings mit Schmuckzange aufbiegen und die runden Plättchen mit dem Ohrring verbinden. Ohrringhaken aufbiegen und auch mit Jump-Rings befestigen.

HÄKEL-BLÜTE

Die Blüte besteht aus 3 aufeinandergesetzten Blütenringen (2 kleine & 1 großer):

Kleiner Blütenring: Garn zu einem Ring legen und 12 Maschen in den Ring häkeln. Mit einer KM schließen. Eine runde fM in jede Masche häkeln. Mit einer KM schließen. 12 LM in die Luft häkeln und in die folgende fM des Rings eine fM häkeln. Diesen Schritt wiederholen, bis der Kreis voll ist. Mit einer KM abschließen und den Faden vernähen.

Großer Blütenring: Garn zu einem Ring legen und 24 fM in den Ring häkeln. Mit einer KM schließen. In jede fM ein Stäbchen häkeln. Mit einer KM schließen. 12 LM in die Luft häkeln und in die folgende fM eine fM häkeln. Diesen Schritt wiederholen, bis der Kreis voll ist. Mit einer KM abschließen und den Faden vernähen.

Alle drei Blütenkreise aufeinanderlegen und in der Mitte zusammennähen. Eine Schleife aus einem Stück Band formen und mit einer Sicherheitsnadel am Ausschnitt befestigen.

♡ Sweet

MIT MARINE-LOOKS GEHT MAN MODISCH NIEMALS BADEN ...

MARINEKLEID

Das brauchst du:

* gestreiftes Basic-Shirt * Jersey-Stoff (150 cm)
* Häkelgarn oder dünne Wolle * passende Häkelnadel
* Maßband * Stoffschere * Nähmaschine

So geht's:

Das Kleid besteht aus vier Teilen: Blüte, Kragen, Shirt und Rock.

1. Ausschnitt und evtl. Ärmel des Shirts abschneiden.

2. Länge der vorderen Ausschnittkante mit einem Maßband abmessen.

3. Jetzt heißt es den **Häkelausschnitt** fertigen: die Borte besteht lediglich aus einem geraden langen Häkelband in der Länge des Shirt-Ausschnitts. Dazu so viele *Luftmaschen* anschlagen, bis diese der Länge des abgemessenen Ausschnitts entsprechen (Achtung: die Maschenanzahl muss durch 3 teilbar sein). Jetzt eine weitere *LM* anschlagen und eine *fM* direkt in die vorletzte *LM* häkeln. Bis zum Ende *fM* in die *LuM* häkeln. Dann wenden. Und nun die Bögen häkeln: Dafür zuerst 4 *LM* in die Luft häkeln. Und in die 3. *fM* eine *fM* häkeln, sodass ein Bogen entsteht. Auf diese Weise bis zum Ende Bögen häkeln und mit einer *fM* abschließen. Wenden. Wieder 4 *LM* in die Luft häkeln. 1 *fM* in die Mitte des ersten *LM*-Bogen häkeln. Bis zum Ende häkeln. Mit einer *fM* im Bogen abschließen. Wenden. Das so lange wiederholen, bis du insgesamt 4 Bogenreihen hast. Jetzt die Arbeit wenden und 1 *LM* anschlagen und in die 1. *fM* eine *fM* häkeln. In jeden Bogen 3 *fM* häkeln. In die folgende *fM* eine *fM* häkeln, sodass du auf die gesamte Anfangsmaschenzahl kommst. Wieder die Arbeit wenden. Und 1 *LM* anschlagen und eine Reihe *FM* häkeln. Die Arbeit mit einer *KM* abschließen.

4. Den fertigen Häkelbesatz an den Ausschnitt des Shirts stecken, dabei liegt die Oberkante des Häkelbandes an der Oberkante des Ausschnitts. Häkelband wird jetzt an den Schulternähten und entlang der Unterkante mit einem *Zickzack-Stich* festgenäht. Den Shirt-Stoff, der unter dem Häkel-Ausschnitt liegt, einfach wegschneiden.

5. Rockteil: Hier zuerst die Saumnaht des Shirts auftrennen oder abschneiden und dann die Seitennähte ca. 3 cm weit auftrennen. Die Breite des Shirt-Saums von einer Seitennaht zu anderen inkl. *NZ* abmessen. Aus dem Jersey jeweils 2 lange Bahnen zuschneiden (Vorder- und Rückteil): Breite ca. 90 cm, Länge ca. 37 cm bzw. je nach Wunsch. Jetzt die vordere und rückwärtige Stoffbahn jeweils auf die abgemessene Länge des Shirt-Saums *einreihen*. Das vordere Rockteil rechts auf rechts an den vorderen Shirt-Saum stecken. Und mit *Zickzack-Stichen* festnähen.

6. Das bitte noch einmal auf der Rückseite wiederholen: Nähte nach unten bügeln. Kleid auf links wenden und die beiden offenen Seitennähte mit geradem Stich schließen. Kleid wenden. Fertig!

STYLE AROUND THE WORLD MIT DEM ETHNO-TREND

LET'S ROCK!

MBY TIPP

Du kannst dir Neon-Perlen easy selbst machen! Dazu einen Strohhalm dünn mit Kleber bestreichen und sofort eng mit Stickgarn umwickeln. Gut trocknen lassen. Und dann in gleichmäßige Stücke schneiden.

Das brauchst du:

✻ gemusterten Stoff für den Oberrock (**Stoffverbrauch:** siehe Grundbegriffe *Kreisrock-Berechnung Stoffverbrauch*) ✻ einfarbigen Stoff für den Unterrock ✻ Vlieseline für den Bund ✻ Schneiderkreide ✻ Reißverschluss (ca. 10 bis 15 cm) ✻ zum Verzieren: Pompons oder Pomponband, Borten und Bänder

Nahtzugaben: Seitennähte: 1 cm, Hintere Mitte: 1,5 cm
Obere Rockkanten (Taille): 1 cm, Rocksäume: 0,5 cm

So geht's:

Rock besteht aus 2 übereinanderliegenden *Kreisröcken*, die nach Grundkursanleitung *Kreisrock* berechnet & zugeschnitten werden!

A) Rock:

1. Für den Unterrock messe zuerst deinen *Taillenumfang*. Und berechne mithilfe der *Kreisrock-Formel* den Innen- und Außenradius. Dann schneide Vorder- und Rückteil aus dem Unterstoff zu.

2. Für den Oberrock rechnest du zu deinem *Taillenumfang* ca. 20 cm dazu und bestimmst ebenso mithilfe der *Kreisrock-Formel* den Innen- und Außenradius. Beachte beim Außenradius, dass der Oberrock ca. 7 cm kürzer sein soll als der Unterrock, damit er lässig hervorschaut!

3. Alle Kanten ringsherum mit *Zickzack-Stich* versäubern.

4. Seitennähte des Ober- und Unterrocks *steppen*: Rückteile rechts auf rechts auf das Vorderteil legen und Seitennähte *steppen* und dann auseinanderbügeln. Die hinteren Mittelnähte bleiben offen.

5. Bänder und Borten parallel zum Saum nach Belieben aufnähen.

6. *Einreihen*: Taillenweite des Oberrocks bis auf die Taillenweite des Unterrocks *einreihen*.

7. Oberrock rechts auf rechts in der Mitte falten und die hintere Mittelnaht *steppen*: Dabei eine Öffnung für den Reißverschluss lassen. *NZ* auseinanderbügeln. Beim Unterrock wiederholen.

8. Ober- und Unterrock ineinanderstecken. Die beiden rechten Stoffseiten zeigen nach oben, Seitennähte und hintere Mitten liegen aufeinander.

9. Die Röcke an der Taille mit großem Stich füßchenbreit zusammennähen

B) Bund:

1. Stoffstreifen zuschneiden. Länge: *Taillenumfang* plus jeweils 1,5 cm *NZ* an beiden Seiten, Breite: 8 cm plus 1 cm *NZ* an beiden Seiten.

2. Vordere Mitte mit Kreidestrich markieren.

3. Stoffstreifen der Länge nach falten und bügeln.

4. Auf die obere Hälfte der linken Stoffseite *Vlieseline* aufbügeln und ringsherum *versäubern*.

5. Die bebügelte Hälfte des Bundes rechts auf rechts auf das Rockteil stecken und *steppen*.

6. Bund an der Bügelkante nach innen umklappen und direkt neben der Taillennaht von rechts feststecken und *knappkantig* steppen.

7. *Reißverschluss* nach Grundkursanleitung einnähen. Rocksäume *knappkantig* umnähen.

MBY TIPP

Die Anleitung für diesen coolen SEGELTUCH-RUCKSACK findest du unter www.christophorus-verlag.de

ETHNO-KRAGENKETTE

Das brauchst du: ✶ Filz ✶ Kordelschnur schwarz, ca. 2 m ✶ Pomponband ✶ verschiedene Perlen ✶ neonfarbenes Stickgarn ✶ Faden oder dünnen Draht ✶ Heißklebepistole ✶ 2 Bindebänder à ca. 35 cm Länge ✶ Nadel und Faden

So geht's:

1. Als Vorlage für den runden Ausschnitt dient ein Frühstücksteller (ca. 16 cm Durchmesser), dessen Kreiskontur zu ca. 3/4 auf den Filz übertragen wird (Form bitte nicht ausschneiden).

2. Dann werden die unterschiedlichen Bänder gefertigt. Für das erste Band werden silberne und bunte Perlen abwechselnd auf einen Faden oder dünnen Draht aufgefädelt und an den Enden gesichert. Dann kommt die verzierte Kordel: Hier wird das Neon-Garn an einem Ende der Kordel festgeknotet. Und zum anderen Ende hin fest umwickelt. Und wieder zurück. So entsteht die Kreuzoptik. Garnende gut vernähen.

3. Abwechselnd Kordeln, Bänder, Perlen-Fäden und Pomponband vom inneren Kreis beginnend aufkleben, dabei etwas Kordelschnur an den Enden überstehen lassen.

4. Überstehenden Filz abschneiden, die Kordel-Enden fest mit Neon-Garn umwickeln und Enden sauber abschneiden. Bindebänder auf der Unterseite des Filzes festnähen. Fertig!

WE LOVE THIS SHORT(CUTS)
BUTTERFLY SHIRT

Das brauchst du:

✳ schlichtes Basic-Shirt ✳ kleine spitze Stoffschere
✳ Vorlage

So geht's:

1. *Vorlage* vom *Vorlagebogen* abzeichnen und mit einem spitzen Bleistift auf den Ausschnitt vom Shirt übertragen.

2. Formen ausschneiden.

3. Für die Fransen den Shirt-Saum abschneiden und gleichmäßig in ca. 0,5 cm breite und beliebig lange Streifen einschneiden.

4. Die Fransen nach unten ziehen, damit sich der Jersey zusammenrollt. Fertig!

Tipp: Du kannst alternativ auch sämtliche Wand-Dekoschablonen (z. B. von Marabu) nehmen, selbst ein Muster zeichnen oder geeignete Bilder im Internet suchen. **Tipp:** Darauf achten, dass die Vorlagen nicht zu kleinteilig sind und du nur die Negativ-Form ausschneiden kannst!

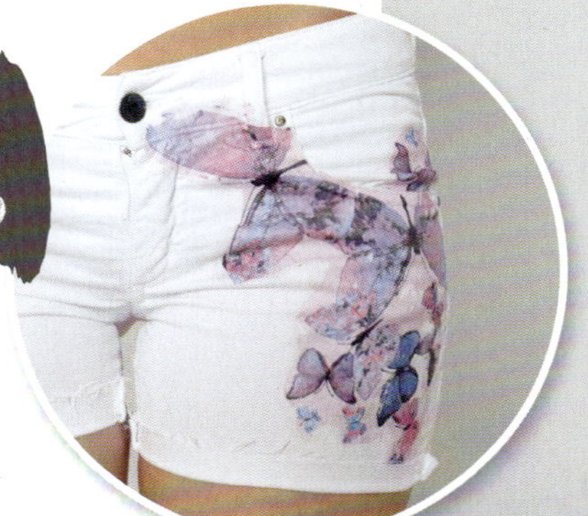

MBY TIPP
Die Serviettendrucktechnik für die Schmetterlings-Shorts findest du auf Seite 8 („Comic-Jeans").

MBY TIPP

Wir haben eine Kreolenkette als Ringstück verwendet. Für das Top brauchst du nicht extra Meterware kaufen. Nimm einfach den Stoff von einem alten, farbigen oder gemusterten T-Shirt! Du kannst das Top auch zweilagig verarbeiten, indem du zwei identische Tops anfertigst und miteinander verstürzt. Dadurch bilden die Nahtkanten einen sehr schönen Kontrast.

BUSTIER-TOP

Das brauchst du: ✱ Jersey-Stoff (evtl. 2 verschiedene Farben) ✱ Schere ✱ Ring aus Metall oder Holz ✱ Kette

So geht's: Der Jersey-Stoff flach ausbreiten und ein langes Rechteck im Fadenlauf zuschneiden (siehe Grundkurs *Jersey*): Länge = 135 cm, Breite ca. 20 cm. Jetzt längs falten und in der Mitte auseinanderschneiden. So ergeben sich zwei Teile. Im nächsten Schritt werden beide Seiten an dem Ring befestigt. Dazu den Stoff ca. 1 cm nach hinten umschlagen und knapp neben dem Ring mit der Hand festnähen. Vorgang bei der anderen Hälfte wiederholen. Jetzt anziehen und im Rücken verknoten. Bindebänder auf die individuelle Länge zuschneiden. Wenn sie an den Enden spitz zulaufen, fallen sie besser.

Tipp: Damit das Top einen spannenden Farbeffekt bekommt, kann man die Teile noch einmal identisch aus einem andersfarbigen Jersey zuschneiden. Dann rechts auf rechts aufeinanderlegen und die offenen Kanten (bis auf die vordere Mitte) zusammennähen. Jetzt wenden und am Ring wie oben beschrieben befestigen. Fertig!

LEDER-ARMSPANGE

Das brauchst du: ✱ Lederborte (etwas kürzer als der Umfang deines Handgelenks, ca. 3 cm breit) ✱ Glasperlen (z. B. von Knorr-Prandell) ✱ dünnen Basteldraht ✱ Filzstreifen (knapp schmaler und kürzer als der Lederstreifen, damit er nicht hervorblitzt) ✱ Aluminium-Basteldraht (z. B. efco) ✱ Heiß- oder Bastelkleber ✱ Schere ✱ Lochzange

So geht's: Du kannst entweder eine vorgefertigte Lederborte kaufen oder mit der Zackenschere und einer Gürtel-Lochzange selbst eine Lederborte gestalten. Die Perlen auf den Draht fädeln. Dieser sollte

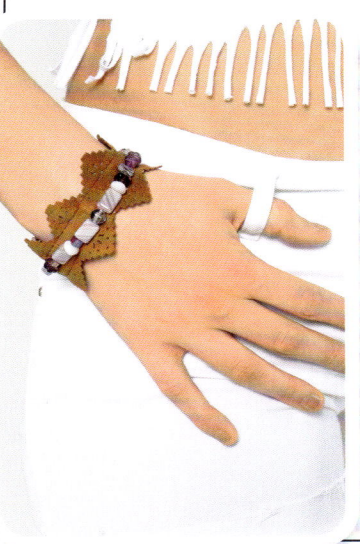

etwas kürzer als das Lederband sein. Und die Enden gut sichern. Jetzt wird die Perlenschnur auf den Lederstreifen gelegt. Den Draht grob mit Handstichen fixieren. Jetzt den Aluminium-Draht in doppelter Länge von dem Lederband zuschneiden und mittig zusammenbiegen. Auf der Unterseite des Lederbands positionieren und den Filz darüberkleben. Fertig!

Der Clou: Du kannst die Armspange am Handgelenk wie auch am Oberarm tragen. Sie ist nämlich beliebig verstellbar.

ROSEN-HAARBAND

Das brauchst du: ✻ Lederband (Länge nach Wunsch) ✻ dünnen Basteldraht ✻ Samtband für die Blüten (ca. 1 cm) und für die Blätter (ca. 1,5 cm) ✻ Nadel und Faden

So geht's: Für die Rosenblüten das Ende des Samtbands einklappen und mit einem Tropfen Kleber fixieren. Circa 3 Runden schneckenförmig locker aufrollen. Bandende abschneiden, wieder einklappen und mit Kleber fixieren. Die Blüte an der Unterseite des Bandes mit Handstichen zusammennähen. Für die Blätter wird das grüne Samtband auf ca. 2 cm schräg abgelängt und in der Mitte abgebunden. Den Draht spiralförmig um das Lederband wickeln und dabei immer wieder eine Blüte und ein Blatt auffädeln. Drahtanfang und -ende sichern, indem du ihn mehrmals um das Lederband wickelst. Circa 15 cm des Lederbands am Anfang und Ende überstehen lassen. Fertig!

Bikini bitte umblättern

EIN HAUCH VON COACHELLA-FEELING ...

SÜSSES KLEID

Das brauchst du:

* leichter Kleiderstoff (z. B. Baumwolle) ca. 2,5 x Wunschlänge * Gummifaden * farblich passendes Garn * farbiges Gummiband oder andere elastische Zierbänder * Bänder für Träger * Stickgarn und Sticknadel * Nähmaschine * Maßband * Schere * Kreide * Lineal

Nahtzugaben:
Obere Stoffkante: 0,5 cm
Seitennähte & untere Stoffkante (= Saum): 1 cm

So geht's:

Das Kleid besteht aus 2 gleich großen Rechtecken. Der Brustteil wir durch die sogenannte Smok-Tecknik elastisch und passt sich so perfekt der Körperform an.

1. Aus dem doppelt liegenden Stoff 2 Rechtecke zuschneiden: Wunschlänge vom Ausschnitt bis zum Saum messen, Breite: *HÜ* x 1,5 geteilt durch 2. Jetzt hast du den Stoff für das Vorder- und Rückteil.

2. Alle Teile ringsherum *versäubern*.

3. Messe an dir ab, wie lang der gesmokte Streifen werden soll. **Tipp:** Nimm die Punkte ober- und unterhalb der Brust, und lass das Maßband immer über den Brustpunkt laufen.

4. Dann zeichnest du im Abstand von mind. 1,5 cm auf der linken Stoffseite die Markierungen für die Gumminähte ein.

5. Jetzt nähst du den Smok-Teil auf der linken Stoffseite: Dafür zuerst den *Zickzack-Stich* einstellen. Lege den Gummifaden genau auf die markierte Linie des Stoffes. Achte darauf, dass etwas mehr Länge am Anfang übersteht. Setz das Nähfüßchen mittig darauf (**Abb. 1**). Der *Zickzack-Stich* muss den Gummifaden umfassen. Am Ende wieder etwas Gummifaden überstehen lassen und dann das Gummi abschneiden. Diesen Vorgang an allen Nähten wiederholen. Jetzt wird gerafft: Dazu die Gummifäden von einer Seite des Stoffes nehmen und bis ca. zur Hälfte zusammenziehen (**Abb. 2**). Dann von der anderen Seite ziehen, bis der Stoff gleichmäßig gekräuselt ist. Wenn der Stoff die gewünschte Breite hat, die Gummifäden an den Seiten miteinander verknoten. Den Vorgang beim Rückteil wiederholen.

6. Im letzten Schritt werden das Vorder- und Rückteil rechts auf rechts aufeinandergelegt und eine Seitennaht geschlossen. Das farbige Gummiband mit *Zickzack-Stich* aufnähen. Offene Seitennaht (rechts auf rechts) schließen. Rocksaum 1 cm umnähen. Die Bänder für die Träger zuschneiden und annähen.

7. Ziernaht: Mit großen Zickzackhandstichen das Vorderteil besticken. Fertig!

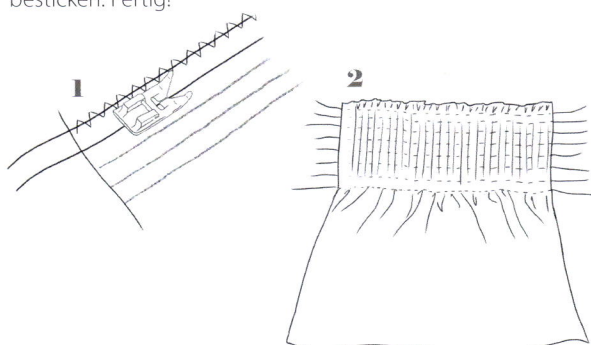

HIPPIE, HIPPIE, YEAH!

HÄKELBIKINI
... BANDEAU

Das brauchst du:

* Häkelgarn * Häkelnadel (in passender Stärke) * Maßband * Ring mit Durchmesser von ca. 3 cm (aus Metall, Plastik oder Holz, z. B. aus dem Baumarkt) * kleine Gürtelschnalle, selbst machen aus Biegedraht, Kreolen-Ohrring ... * Jersey-Stoff (ca. 50 cm) * dicke Nadel zum Vernähen * Stoff für die Schleife

So geht's:

1. Zuerst musst du an dir Maß nehmen. Bestimm die Höhe (a) des Bikinis, indem du oberhalb der Brust bis unter die Brust, wo das Top sitzen soll, misst. Dabei das Maßband über den Brustpunkt legen. Die Breite (b) misst du, indem du von der Körperseite bis zur Brustmitte misst. Dabei das Maßband ebenfalls über den Brustpunkt legen.

2. Jetzt wird das linke und rechte Vorderteil gehäkelt: *Luftmaschen* anschlagen, bis die Schlange so lang ist wie deine abgemessene Höhe (a). 1 weitere LM anschlagen und ein *DStb* in die vorletzte *LM* häkeln. Die gesamte Länge *DStb* häkeln. Nach der letzten Masche wieder eine *LM* anschlagen und die Arbeit wenden. Wiederholen, bis du die Wunschbreite (b) erreicht hast. Faden vernähen. Obere und untere lange Kante mit *festen Maschen* umhäkeln, damit der Rand gleichmäßig aussieht. Das zweite Teil bitte genauso anfertigen.

3. Jetzt werden die beiden Einzelteile vorne miteinander verbunden. Dafür den Ring durch die schmale Seite der fertigen Vorderteile fädeln, auf der Rückseite umschlagen und festnähen. Beim anderen Teil wiederholen.

4. Rückenteil: Stoff in der Mitte falten und einen Streifen aufzeichnen: Breite entsprechend der Breite des Häkel-Vorderteils, Länge: ca. 40 cm, dabei ein Ende spitz zulaufend einzeichnen. Mit 1 cm *NZ* ringsherum zuschneiden. Obere und untere Kante 1 cm nach links umschlagen und mit *Stretch-* bzw. *Zickzack-Stich* feststeppen. *NZ* zurückschneiden. Je ein Jersey-Rückteil an die Seite des Häkelvorderteils nähen. Zum Schluss noch einen Stoffstreifen zuschneiden, zur Schleife formen, mit Band umwickeln und annähen.

... HÖSCHEN

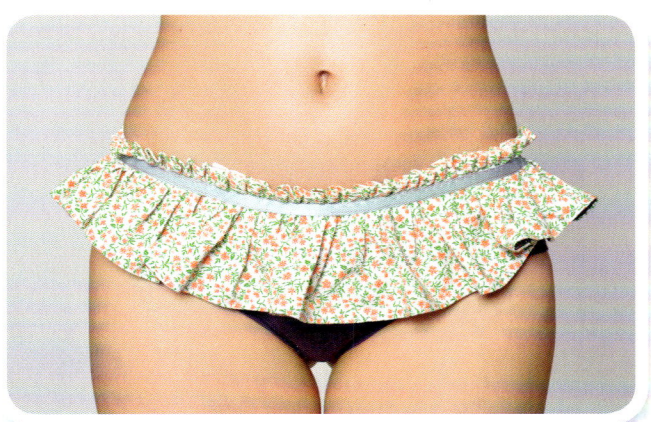

Das brauchst du:

* farblich passende Bikinihose oder Baumwoll-Pantie
* zur Schleife passenden Stoff (leichte Baumwollstoffe, Viskose ...)
* farbiges Gummiband

So geht's:

1. Gummiband entsprechend der Bundweite des Höschens zuschneiden.

2. Stoffbahn doppelt zuschneiden. Länge entspricht der Bundweite. Breite: ca. 10 cm (**Tipp:** Lieber vorerst etwas länger lassen und zum Schluss passend zuschneiden).

3. Kanten ringsherum *versäubern* und oben *knappkantig* umnähen.

4. Stoffbahn gleichmäßig verteilt auf den Gummi stecken und bei gedehntem Gummi mit der Nähmaschine festnähen.

5. Das so entstandene Rüschenband rechts auf rechts aufeinanderfalten und die offene kurze Kante (*H.M.*) zusammennähen.

6. Gleichmäßig verteilt an den Bund des Höschens stecken und unter Dehnung mit *Zickzack-Stich* aufnähen.

7. Höschen anprobieren und untere Saumkante nach Belieben zuschneiden. *Versäubern* und *knappkantig* umnähen.

ANIMALPRINT-SONNENBRILLE

Das brauchst du: ✻ Sonnenbrille ✻ Nagellack mit Krakeliereffekt ✻ cremefarbenen Nagellack ✻ evtl. Überlack ✻ Papertape ✻ Folie zum Unterlegen

So geht's: Die Brille mit dem hellen Lack grundieren, dabei evtl. die Gläser abkleben. Trocknen lassen und mit Krakeliereffektlack überstreichen. Dieser Lack zieht sich nun auf dem anderen Lack zusammen und ergibt den coolen Animalprinteffekt. Kann mit Klarlack noch überstrichen werden, um ebener und stabiler zu werden.

Cool

MBY TIPP

Farbkombi zuerst auf dem Fingernagel ausprobieren und so checken, ob die Lacke gut zusammen aussehen und der Effekt (z. B. bei verschiedenen Marken) auch wie gewünscht gelingt!

Lieblingsteile ♡

1

2

3

4

1. FLIP-FLOPS

Das brauchst du: ✱ Sohle eines alten Bade-Flip-Flops (Zehen-Riemen herausschneiden) ✱ einen Knopf mit dem Durchmesser des Loches für die Unterseite der Sohle, wo der Riemen befestigt war ✱ für die blauen Flip-Flops: Bindebänder, Perlenkette ✱ für die rosa Flip-Flops: 6 Quetschperlen mit Öse (Perlenladen) ✱ Lederbänder ✱ Jump-Rings ✱ Zange

So geht's:
(Die Anleitung der Sohlen gilt für beide Modelle!)

Zuerst an den drei Stellen, wo vorher der Riemen befestigt war, kleine Schlaufen ziehen. Damit die Schlaufe nicht durchrutscht, einfach einen Stift durch die Lasche ziehen. Als Gegenstück dient jeweils ein Knopf an der Unterseite der Sohle. Fest verknoten.

Blaue Flip-Flops: Stoffband zuschneiden (mind. 100 cm lang) und durch die Schlaufen fädeln. Dazu noch eine Perlenkette einfädeln (ca. 20 cm). Jetzt kann der Schuh um den Knöchel gebunden und mit einer Schleife befestigt werden.

Rosa Flip-Flops: Fuß auf die Sohle stellen und in Höhe des Knöchels innen und außen eine Markierung auf die Oberseite der Sohle setzen. Dieser Abstand bis zur Zehenschlaufe entspricht der Länge der Riemchen. An den beiden Markierungspunkten jeweils einen Jump-Ring befestigen. Je 2 x 3 Bänder für die Innen- und die Außenseiten des Schuhs zuschneiden Achtung: Die Länge der Quetschperle bei der Gesamtlänge einrechnen. Mit der Quetschperle werden die drei Bänder zu einem Strang fixiert. Dazu die Bänder in das Metallröhrchen fädeln und mit einer Zange kräftig zusammendrücken. Am anderen Ende wiederholen. Alle fertigen Stränge an den Jump-Rings befestigen.

2. MATROSCHKAS

Das brauchst du: ✱ Spielfiguren (Holz) ✱ Nagellacke in verschiedenen Farben ✱ Acrylfarbe ✱ wasserfester, schwarzer Stift ✱ dünner Bohrer ✱ Sekundenkleber ✱ Draht ✱ kleine Rundzange

So geht's: Mit einem feinen Bohrer die Spielfiguren längs durchbohren. Draht zuschneiden (Länge der Figur plus 1 cm). Dann die Figur auffädeln und den Draht an beiden Enden biegen. Figur mit Nagellack grundieren, trocknen lassen und mit Acrylfarbe einen Kreis für das Gesicht aufmalen. Jetzt Haare, Augen und Mund einzeichnen. Kleine Nagellackpunkte auftupfen und mit Strass-Steinen verzieren.
Tipp: Bei dunklen Figuren, diese vorher weiß grundieren.

3. OHRRINGE

Das brauchst du: ✱ Schmuckdraht & Ohrringhaken ✱ verschieden große Holz- & Glasperlen ✱ Draht (Achtung: Draht muss durch das Loch der Perlen passen) ✱ Muscheln etc. zum Auffädeln ✱ Zange ✱ 2 Troddeln

So geht's: Den Schmuckdraht zur Hälfte durch die Ohrringhaken führen. Von beiden Seiten nach Belieben die Perlen und Muscheln auffädeln, dabei immer mal wieder Draht kreuzen, bis eine ovale Perlenkollage entstanden ist. Ein Drahtende unten mittig durch eine Troddel führen und anschließend beide Drahtenden miteinander verdrehen. Zum Schluss die Enden in Perlen oder Troddel verstecken.

4. MOKASSINS

Das brauchst du: ✱ Sohlen-Set (inkl. Schnitt) ✱ Stoff (45 x 45 cm) ✱ Kreativgarn (alles von Prym) ✱ Sticknadeln mit Spitze ✱ verschiedene Borten

So geht's: Zu den Sohlen wird ein Schnittmuster geliefert. Hier die passende Größe aussuchen und den Stoff entsprechend zuschneiden. Nun die Borten auf den zugeschnittenen Stoff nähen und das Oberteil auf das Fersenteil nähen. Den fertigen Stoff auf die Sohle stecken, dabei den vorderen Teil etwas raffen (dabei die Einhalteweite auf dem Schnittmuster beachten). Jetzt mit der Sticknadel das Garn von unten durch die Sohle stechen und knoten. Nun immer von unten nach oben durch Stoff und Sohle stechen. Dabei die Nadel durch die entstehende Schlaufe ziehen, damit der Stoff flach an die Schuhe genäht wird. Am Ende wieder verknoten. Viel Spaß beim Tragen!

Party

ABSCHLUSSBALL. DIE HOCHZEIT DEINER GROSSEN COUSINE. ODER EINFACH EINE COOLE PARTY. ES GIBT VIELE GRÜNDE, SICH MAL SO EIN RICHTIG TOLLES KLEID ZU NÄHEN.

Glam-Rock

Le Petit Noir

Let's dance

LE PETIT NOIR

Das brauchst du: ✱ schwarzes Stretchkleid ✱ schwarzen Stoff für den Kragen (z. B. Velourssamt) ✱ Stoff in Kontrastfarbe (z. B. Pink) ✱ schwarzer Stoff für den Rock ✱ Vliesofix ✱ Transparentpapier ✱ Nähmaschine ✱ Schneiderkreide ✱ Schere

Das Kleid wird in drei Schritten verändert: Zuerst wird der Kragen aufgepeppt. Dann wird die Schleife genäht und zum Schluss der *Halbkreisrock* angesetzt.

So geht's (Kragen): Der Kragen besteht aus zwei Stoffschichten, die durch das Vliesofix miteinander „verklebt" werden. Bitte zuerst die Vorlage erstellen. Dazu das Transparentpapier auf den Kleidausschnitt legen und die Form von Schulternaht zu Schulternaht übertragen. Im Abstand von ca. 4 cm eine parallele Rundung einzeichnen, sodass ein schmaler Halbkreis entsteht. Die Vorlage ausschneiden und auf

1 TEIL - 3 STYLES

WIE MACHT MAN AUS **EINEM SCHLICHTEN SCHWARZEN STRETCHKLEID** EIN TOLLES DESIGNERSTÜCK? MIT ETWAS FARBE, VIEL STRASS ODER EIN PAAR BESONDEREN IDEEN. VIEL SPASS!

den schwarzen Stoff übertragen. Diesen zuerst grob ausschneiden und die Form spiegelverkehrt auf die Papierseite des Vliesofix übertragen. Wieder ausschneiden und auf die Stoffrückseite bügeln. Dabei auf der Papierseite bügeln! Gut abkühlen lassen, Papier vorsichtig abziehen und Kragenform exakt zuschneiden. Schwarzes Kragenteil auf den Kontraststoff aufbügeln und obere und untere Ausschnittkante ca. 0,5 cm breiter einzeichnen. Grob ausschneiden und Vliesofix wie vorhin beschrieben auf die Rückseite des Kontraststoffs bügeln. Jetzt Kragenform exakt ausschneiden, auf den Kleidausschnitt legen und wieder aufbügeln. Zum Fixieren die Kragenkanten noch mal mit der Maschine *aufsteppen*. Schleife wird mit zwei Streifen (schwarz und Kontraststoff) nach demselben Prinzip hergestellt!

Rock: Zuerst das Kleid anziehen und die Höhe markieren, wo der Rock angesetzt werden soll. Kleid ausziehen, flach vor dir ausbreiten und eine gerade Linie (*Nahtlinie*) einzeichnen. Mit 1 cm *NZ* abschneiden. Die Seitennähte vom Saum beginnend ein paar Zentimeter auftrennen und die einfache Breite des Rocksaums von Seitennaht zu Seitennaht (inklusive *NZ*) messen. Diesen Wert verdoppeln, sodass du den Umfang erhältst. Mit der *Kreisrock-Formel* (s. Grundkurs) den Innen- und Außenradius für den Kreis bestimmen und zwei Viertelkreise aus dem doppelt liegenden Stoff zuschneiden (Schnittteil nicht im Stoffbruch, sondern an der offenen Webkante auflegen). Das wird das vordere und hintere Rockteil. Die beiden Teile mit 1 cm *NZ* am Innenkreis und 0,5 cm *NZ* am Außenkreis zuschneiden. Ein Rockteil rechts auf rechts mit *Zickzack-Stich* auf die vordere Saumkante vom Kleid nähen (siehe Grundkurs-Anleitung *Jersey nähen*.) Das zweite Rockteil genauso auf die hintere Saumkante nähen. Die *NZ* ca. alle 2 cm bis kurz vor die Naht V-förmig einschneiden, damit sich die Naht besser legt. Dann nach unten bügeln. Das Kleid nach links wenden und die Seitennähte schließen, Nähte bügeln, Rocksaum versäubern und *knappkantig* umnähen.

GLAM-ROCK
Das brauchst du:
Für das Nieten-Ornament: ✳ 2 Pckg. Hotfix Nieten (Knorr Prandell) ✳optional Hotfix-Transferfolie ✳ *Vorlage vom Vorlagebogen* ✳ Bügeleisen
Für den Gürtel mit Schößchen:
✳ breites Gummiband ✳ leichten Stoff (z. B. Polyesterchiffon) ca. 50 cm ✳ Verschlusshaken und Ösen
✳ Nähmaschine ✳ Maßband ✳ Drucker

So geht's (Nieten-Ornament):
Vorlage ausdrucken, Hotfix-Transferfolie auflegen und Steine anordnen. Transferfolie nach Anleitung auf den Ausschnitt legen und mit dem Bügeleisen fixieren.

Gürtel mit Schößchen: Gummiband an dir abmessen. Es sollte eng, aber bequem sein. Mit 2 cm *NZ* abschneiden. Das Schößchen besteht aus einem *Halbkreisrock*. Dazu deinen *Taillenumfang* abmessen (plus 2 cm *NZ*). Den Taillenumfang durch 3,14 teilen, sodass du den Innenradius für den Kreis erhältst. Jetzt 1/4 Kreis im Stoffbruch auf den doppelt liegenden Stoff einzeichnen (siehe Grundkurs *Kreisrock*), mit 1 cm *NZ* am Innen- und 0,5 cm *NZ* am Außenkreis zuschneiden und Kanten ringsherum *versäubern*. Gummibund knapp überlappend auf die rechte Seite des Schößchens aufstecken. Achte darauf, dass sich die Weite gleichmäßig verteilt. Mit geraden Stichen unter Dehnung *feststeppen*. Saumkante des Schößchens umschlagen und schmalkantig absteppen. Die vordere Mitte an beiden Seiten 1 cm umschlagen und *feststeppen*. Haken und Verschlussösen mit der Hand aufnähen.

LET'S DANCE
Das brauchst du: ✳ schwarzes Stretchkleid ✳ 1 Dose goldenes Textilspray ✳ Spitzenstoff oder ein altes Spitzenkleid ✳ Folie oder Karton zum Auslegen

So geht's: Das Kleid sollte appereturfrei sein, also vorher ohne Weichspüler waschen, damit die Farbe gut hält. Den Boden ausreichend mit Folie oder Karton auslegen, am besten im Freien arbeiten oder gut lüften. Den Spitzenstoff über das Kleid legen. Falls gestückelt werden muss, unbedingt auf den Musterrapport achten und entlang der Musterkante schneiden und wieder zusammensetzen. Soll die Innenseite des Rückteils nicht gemustert werden, diese abdecken. Nun ansprayen, bis Spitze und Stretchkleid aus der Vogelperspektive golden sind, Spitze entfernen und gut trocknen lassen. Eventuelle Fixieranleitung des Goldsprays beachten!

EIN EDLER BLICKFANG

Das brauchst du: ✱ Kette ✱ Kreolen-Ohrring ✱ etwas dünnen Filz ✱ Schmucksteine ✱ Heißkleber bzw. Bastelkleber ✱ feine Gliederkette ✱ 2 Jump-Rings

So geht's: Ohrstecker der Kreole abzwicken. Filz zuschneiden, z. B. zu einem Halbmond. Kreole an der Öffnung auf den Filz kleben. Schmucksteine bogenförmig anordnen und festkleben. Gut trocknen lassen. Überstehenden Filz abschneiden. Jump-Ring auf jeder Seite des Rings anbringen und Kette daran befestigen. Fertig!

GLITZER-CLUTCH

Das brauchst du: ✱ Clutch ✱ Strass in verschiedenen Formen (klar & edel wird es in farblichen Abstufungen der Taschenfarbe) ✱ Perlenhalblinge in verschiedenen Größen ✱ große, goldene Pailletten ✱ Strasssteinkleber

So geht's: Für unser Muster haben wir einen großen, runden Strassstein als zentralen Punkt gewählt und mittig auf der Tasche platziert (ca. 1/3 oberhalb der Spitze des Briefumschlagecks des Deckels) und mit kleinen zartgoldenen Strasssteinen umrandet. Anschließend wird ein Kreis aus Perlen und Strasstropfen abwechselnd geklebt. Die Lücken werden mit klaren, kleinen Strasssteinen gefüllt. Nun alle Pailletten und Perlen in Strahlen aufkleben. Die punktförmige Öffnung der Pailletten mit kleinen Steinen überkleben.

Tipp: Bei kleinen Steinchen mit einer Pinzette arbeiten.
Generell gilt: Auf festen Materialien halten die Steine besser als auf weichen.

EIN HAUCH VON NICHTS
NUDE-KLEID

Das brauchst du:

✷ Jersey-Stoff ✷ Feintüll ✷ Gummiband (ca. 0,8 cm breit)

Stoffverbrauch:
Jersey-Stoff: 250 cm bei einer Stoffbreite von 145 cm
Tüllrock: 250 cm bei einer Stoffbreite von 145 cm

Nahtzugabe:
Jersey-Rock: 1 cm *NZ* für die Seitennähte
1,5 cm für die obere und untere Kante

So geht's:

Das Oberteil besteht aus einem langen Bandeau-Bindeband, das beim Anziehen über der Brustmitte ineinander verschlungen und im Rücken verknotet wird. So entsteht die Optik am Dekolleté. Das Rockteil wird nur aus Rechtecken genäht. Bevor du mit dem Nähen beginnst, lies dir die Grundkursanleitung *Jersey nähen* durch.

A) Rock

Aus dem Jersey werden zuerst zwei Rechtecke zugeschnitten. Die Länge nach Wunsch und die Breite ca. nach deinem halben *Hüftumfang* für die vordere und hintere Rockbahn bestimmen. Jetzt werden die Jersey-Teile rechts auf rechts aufeinandergelegt und die Seitennähte *gesteppt*, sodass du einen Schlauch erhältst. Bitte wenden. Nun bitte aus dem Tüll zwei Rechtecke zuschneiden: Wieder die Länge nach Wunsch bestimmen und für die Breite die doppelte Menge von dem Jersey-Rechteck nehmen. Danach legst du die Tüllteile aufeinander und *steppst* nur eine Seitennaht. Die obere Kante des Tülls bis auf den Umfang des Jersey-Rocks *einreihen*. Jetzt noch die offene Seitennaht von links schließen, *NZ* bügeln und auf 0,5 cm zurückschneiden. Bitte wenden. Und das Jersey-Rockteil unter den Tüllrock schieben. Hier darauf achten, dass die rechten Stoffseiten nach oben zeigen und die Seitennähte aufeinanderliegen. Jetzt die oberen Kanten mit großen Stichen zusammennähen. Dabei 2 cm links und rechts neben der *V. M.* eine Markierung machen. Bis hierhin wird später das Bandeau-Band aufgenäht.

B) Oberteil

Dazu wird aus dem Jersey ein langes Band (in Richtung des Fadenlaufs) zugeschnitten. Dafür musst du zuerst die Breite bestimmen, indem du den Punkt oberhalb bis unterhalb der Brust misst. Achte darauf, dass das Maßband über dem Brustpunkt liegt. Bei der Länge gilt die Regel, lieber etwas zu lang als zu kurz. Wir haben ca. 220 cm genommen. Die endgültige Länge kannst du auch zum Schluss durch ein Probebinden bestimmen. **Tipp:** Die Enden spitz zulaufend zuschneiden, damit sie schöner fallen! Wenn der Stoff für die Länge nicht ausreicht, einfach zwei Bänder zuschneiden und in der Mitte zusammennähen. Danach wird aus dem Tüll ein identisches Band zugeschnitten. Danach werden das Jersey- und Tüllband, mit den rechten Seiten nach oben zeigend, aufeinandergelegt und ringsherum *knappkantig* mit geraden großen Stichen zusammengenäht. Jetzt bestimmst du die Mitte des Bandeau-Bands. Dann rechts auf rechts auf die hintere Mitte der oberen Rockkante stecken. Das Band rundherum mit 1,5 cm *NZ* bis zu den Markierungen vorne aufstecken und mit *Zickzack-Stichen* nähen. *NZ* auseinanderbügeln. Die Kanten des Bandeaus 1,5 cm umnähen und ringsherum *knappkantig absteppen*. *NZ* knapp und möglichst sauber zurückschneiden. Damit das Kleid besser hält, *steppe* parallel zur Naht unter der Brust eine zweite *Tunnelnaht* im Abstand von 1 cm (siehe Grundkursanleitung *Tunnelzug*). Dazu klappst du den Tüllrock nach oben und nähst nur auf den Jersey-Rock. Achtung: Rundherum nähen und kurz vor Nahtanfang eine kleine Öffnung für den Gummi lassen. Gummizug unter der Brust abmessen, mit 2 cm *NZ* zuschneiden und durch den Tunnel ziehen. Gummienden überlappend zusammennähen und die Tunnelöffnung schließen. Zum Schluss den Jersey-Rocksaum mit unsichtbaren lockeren Handstichen umnähen, damit er sich nicht rollt.

ROCKIGER NIETEN-GÜRTEL

Das brauchst du: ✱ *Vorlage*
✱ Leder (ca. 22 x 44 cm) ✱ 5,5 cm breites Gummiband (Länge = Taillenweite minus 22 cm) ✱ Ösen in mind. 2 verschiedenen Größen ✱ 2 bis 4 starke Druckknöpfe ✱ Loch-/Nietenzange oder Hammer ✱ Garn ✱ Nähmaschine (mit Ledernadel) ✱ Kreide

So geht's: Die *Vorlage* mit Kreide auf das Leder übertragen und 4-mal zuschneiden. Jeweils 2 Lederteile links auf links aufeinanderlegen. Jetzt den Gummi 3 cm tief zwischen die Lederteile schieben und alle Kanten knapp *absteppen*. Die Position der Druckknöpfe übertragen und mit voller Knopfgröße aufzeichnen. Die Ösen nun nach Belieben auf den oberen Ledergürtelteil stanzen. Nun die Druckknöpfe zum Verschließen des Gürtels nach Packungsanleitung befestigen. Um zu sehen, wo die Ösen vom unteren Gürtelteil platziert werden sollen, den Gürtel schließen. Die Ösen wieder nach Belieben einstanzen. Fertig!

LET'S ROCK THE PARTY
MAXIROCK

Das brauchst du:

* Stoff für den Oberrock (z. B. Polyester, Chiffon)
* Stoff für den Unterrock (leicht fallende, fließende Stoffe)
* breites Gummiband für den Bund * Nähmaschine
* Schneiderkreide * Schere

Stoffverbrauch:
Ober- und Unterrock jeweils ca. 2,5 x Wunschlänge

Nahtzugaben:
Seitennähte: 1 cm für die obere Kante,
1 cm für die untere Kante

So geht's:

Der Rock besteht aus je zwei Rechtecken.

A) Rock

Aus dem transparenten Oberstoff werden zwei Rechtecke aus dem doppelt liegenden Stoff zugeschnitten. Dafür zuerst die Länge bestimmen, indem du vom Bauchnabel bis zum Knöchel bzw. Boden misst. Die vordere und rückwärtige Rockbahn haben die identische Breite. Diese entspricht jeweils deinen vollen *HÜ* (beide zusammengenommen ergeben also deinem doppelten *HÜ*). Beide Rechtecke ringsherum mit *Zickzack-Stich* versäubern. Dann Vorder- und Rückteil rechts auf rechts aufeinanderlegen und die Seitennähte *steppen*. *NZ* bügeln und dann wenden.

Für den **Unterrock** alle Schritte wiederholen, jedoch den Saum ca. 2 cm kürzer zuschneiden. Jetzt wird der Unterrock unter den Oberrock geschoben. Darauf achten, dass die Seitennähte aufeinanderliegen. Dann an der oberen Kante ringsherum zusammenstecken. Den *Taillenumfang* auf die Weite deines *Hüftumfangs raffen* (siehe Grundkurs *Raffen*).

B) Gummibund

Zuerst misst du das Gummiband an dir ab und schneidest es mit 1 cm *NZ* zu. Jetzt Gummi in der Mitte falten (rechts auf rechts) und 5 mm neben der Kante mehrmals hin-und hernähen. Wenden, *Nahtzugaben* auseinanderdrücken und mit *Zickzack-Stich* festnähen. Damit sich die Weite des Rocks gleichmäßig verteilt, das Gummiband mit Stecknadeln in vier gleiche Teile teilen: in die Seiten und die vordere und hintere Mitte. Dann die obere Rockkante auf die gleiche Weise in vier Teile einteilen. Jetzt den Gummi auf den Rock stecken, dabei liegen die Markierungen aufeinander. Mit der Nähmaschine unter Dehnung den Rock aufnähen. Und zum Schluss die Säume knapp umschlagen und *steppen*.

HANDY-ETUI

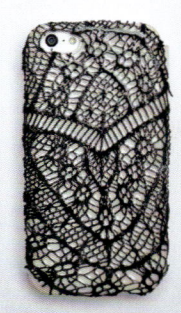

Das brauchst du: * Hartschalen Handy-Etui * weißer Lack * Spitzenstrumpfhose, elastischer Spitzenstoff * Textilverstärker * Pinsel * spitze Schere * Gummi

So geht's: Ein Stück vom Spitzenstoff straff um das Handy-Etui spannen. Am besten auf der Unterseite mit einem Gummi zusammenbinden. Oberseite und Seiten mit Textilverstärker bestreichen und trocknen lassen. Gummi lösen und überstehende Spitze abschneiden. Fertig!

VERFÜHRERISCH
SPITZEN-KETTE

Das brauchst du:

✶ Spitzenornament (entweder einzeln kaufen oder aus Spitzenstoff ausschneiden) ✶ Acryl- oder Textilfarbe bzw. Sprühlack ✶ Pinsel ✶ Textilverstärker ✶ Jump-Rings ✶ Gliederkette ✶ Backpapier

So geht's:

1. Spitzenornamente nach Belieben mit Farbe bepinseln oder besprühen.

2. Nach dem Trocknen auf Backpapier auslegen und mit Textilverstärker bestreichen. Über Nacht aushärten lassen oder bei 110 Grad für 10 Minuten in den vorgeheizten Backofen schieben. Eventuell mit einem Buch beschweren und auskühlen lassen.

3. Ornamente und Kette beliebig anordnen und mit Jump-Rings miteinander verbinden.

Cool ✶

CINDERELLA-PUMPS

Das brauchst du: ✶ Strasssteine in verschiedenen Größen ✶ Strasssteinkleber ✶ Pumps mit glatter Oberfläche ✶ Pinzette

So geht's: Zuerst den Schuh säubern. Er muss staub- und fettfrei sein, da sonst die Steine nicht halten. Überlege zuerst, ob du ein Muster oder – wie wir – die Steine möglichst eng und gemischt kleben möchtest. Jetzt beginnt die Fleißarbeit: Stein für Stein mit Kleber betupfen und je nach Größe mit der Pinzette positionieren. Zum Schluss gut trocknen lassen.

DAS PERFEKTE (ABI-)BALLKLEID ...
GLAMOUR-KLEID

Das brauchst du:

✶ leicht fallende, transparente Stoffe für Oberrock (z. B. Polyesterchiffon) ✶ Kontraststoff für Oberteil und Unterrock: leicht fallende, blickdichte Stoffe ✶ Gummizug (2 cm) ✶ Nähmaschine ✶ Schere ✶ Kreide ✶ Maßband

Stoffverbrauch (bei einer Stoffbreite von 145 cm):
Chiffon: ca. 2,5 x Wunschlänge des Rockes
Oberteil und Unterrock aus blickdichtem Stoff:
ca. 2,5 x Gesamtwunschlänge des Kleides

Nahtzugaben:
Oberteil: lange Kanten (Seitennähte und Mittelnähte von Vorder- und Rückteil): 1 cm
kurze obere Kante (Schulternaht): 1 cm
kurze untere Kante (Taillennaht): 3 cm
Ober- und Unterrock:
lange Kanten (Seitennähte): 1 cm
kurze obere Kante (Taillennaht): 3 cm
kurze untere Kante (Saum): 1 cm

So geht's:

Das Oberteil besteht aus 4 kleinen Rechtecken.
Der Ober- und Unterrock aus jeweils zwei großen Rechtecken.

A) Oberteil (aus blickdichtem Stoff)

Schneide zuerst aus dem blickdichten Stoff vier gleich große Rechtecke zu. Dazu musst du die Länge bestimmen, indem du von deinem äußeren Schulterpunkt bis zum Bauchnabel misst. Die Breite errechnet sich aus deinem *HÜ* plus 3 cm geteilt durch 4. Jetzt hast du das linke Vorder- und Rückteil sowie das rechte Vorder- und Rückteil. Im nächsten Schritt alle Teile ringsherum versäubern. Dann die *vordere Mitte steppen*: Dazu zwei Rechtecke rechts auf rechts aufeinanderlegen. Von der unteren Kante aus 20 cm abmessen und eine Markierung machen. Bis zu diesem Punkt die Rechtecke zusammennähen. Die restlichen offenen Kanten bitte noch 1 cm umbügeln und von rechts *steppen* (Ausschnitt). Jetzt den Vorgang bei den Rückteilen wiederholen.

Danach werden die Seitennähte *gesteppt*: Dazu Vorder- und Rückteil rechts auf rechts aufeinanderlegen und von der unteren Kante aus 25 cm nach oben hin abmessen und eine Markierung machen. Bis zu diesem Punkt die Seitennähte wieder *zusammensteppen*. Die Öffnung wird der Armausschnitt. Die restlichen offenen Kanten 1 cm umbügeln und von rechts *absteppen*. Nähte auseinanderbügeln. Jetzt geht es daran, die Schulternähte zu *steppen*: Oberteil wieder nach links wenden und Schulternähte *steppen*. NZ auseinanderbügeln. Schulternähte *raffen*. Dazu zwei parallele Nähte (links und rechts von der Schulternaht) anlegen und auf die Wunschbreite zusammenziehen. Das machst du am besten, wenn du das Kleid anziehst. Zum Schluss mit normalem Stich von rechts über die Raffung *steppen*, sodass diese fixiert ist. Und den Vorgang auf der anderen Seite noch einmal wiederholen.

B) Rock

Der Rock besteht aus zwei Rechtecken. Schneide zwei Rechtecke aus dem Oberstoff und zwei aus dem blickdichten Stoff zu. Die Maße berechnen sich wie folgt: *HÜ plus 3 cm geteilt durch 2.* Die Formel gilt für die vordere und hintere Rockbahn wie auch für den Ober- und Unterrock. Jetzt werden Ober- und Unterrock genäht. Die Anleitung gilt für beide Röcke: Zuerst Vorder- und Rückteil ringsherum *versäubern*. Dann die vordere und hintere Rockbahn rechts auf rechts aufeinanderlegen und die Seitennähte mit 1 cm NZ *steppen*. Achtung: Beim Oberrock seitlich zwei beliebig lange Öffnungen für die Seitenschlitze lassen. Die offenen Kanten 1 cm umbügeln und knappkantig *absteppen*. Wenn beide Rockteile fertig sind, wird der Unterrock unter den Oberrock gesteckt. Die rechten Stoffseiten zeigen nach außen und die Seitennähte treffen aufeinander. Dann die oberen Rockkanten (Taille) zusammenstecken. Mit großem Stich rundherum *zusammensteppen*. Jetzt wird das Oberteil und der Rock rechts auf rechts ineinandergesteckt, sodass die Taillenkanten aufeinanderliegen und im Abstand von 3 cm zur Kante die Taillennaht *steppen*. Dann die Nahtzugabe zusammengefasst nach oben bügeln. Im nächsten Schritt 2,3 cm von der Taillennaht entfernt eine parallele *Tunnel*-Naht für den Gummi *steppen*. Messe den Gummizug an dir ab und rechne 2 cm NZ dazu. Dann abschneiden. Mithilfe einer Sicherheitsnadel wird der Gummi durch den Tunnel gezogen. Die Gummienden 1 cm überlappend zusammennähen. Dabei mehrmals mit *Zickzack-Stich* hin- und hernähen. Zum Schluss die seitliche Tunnelzugöffnung komplett schließen und die Rocksäume mit 1 cm NZ umnähen. Fertig!

GOLDENER GÜRTEL

Das brauchst du: ✱ (beiges) Leder- oder Kunstlederband (4,5-mal die gewünschte Gürtellänge) ✱ schmale Gürtelschnalle ✱ Blattgold (gestückelt oder als Bogen) ✱ Anlegemilch und Überzugslack ✱ (Leder-)Nadel und Faden ✱ 2 weiche Pinsel ✱ Folie zum Unterlegen

So geht's: Ein Drittel des Bandes abschneiden. Das längere Band in der Mitte falten und in dessen Schlaufe den Anfang des kurzen Bandes verstecken und mit Nadel und Faden fixieren. Jetzt wird geflochten! Wichtig ist, dass dabei ein gleichmäßiges Muster entsteht. Ist der Gürtel lang genug, 2 Enden von oben um die Schnalle legen und zusammen mit dem 3. Ende umklappen und möglichst unauffällig in dem Flechtgürtel verstecken. Wieder mit Nadel und Faden fixieren. Folie auslegen und das Blattgold in kleine Stückchen reißen. Den Gürtel, wie in der Packungsbeilage beschrieben, mit Anlegemilch bestreichen und antrocknen lassen. Dann das Blattgold vorsichtig auflegen und mit dem weichen Pinsel andrücken. Mit Überzugslack bestreichen, trocknen lassen und zur besseren Haltbarkeit ein zweites Mal bestreichen.

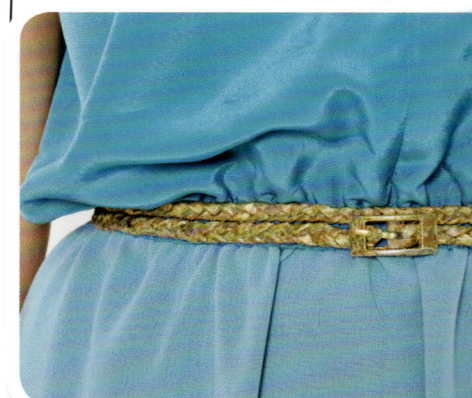

RECYCELTE KETTE

Das brauchst du: ✱ transparent-blaue Wattestäbchen (Drogeriemarkt) ✱ Goldlackspray ✱ Kettelstäbchen (alternativ kannst du diese selbst aus Draht zuschneiden) ✱ mit Schmuckzange eine kleine Öse an einem Ende formen ✱ goldene Jump-Rings ✱ Gliederkette

So geht's: Watte-Enden der Q-Tips abschneiden. Stäbchen zur Hälfte in gleich lange Stücke schneiden. Einen Teil der Stücke mit Goldlack besprühen. Damit die Farbe von allen Seiten schön gleichmäßig wird, die Q-Tip-Stäbchen auf einen Faden auffädeln, aufhängen und von allen Seiten gleichmäßig besprühen. Stäbchen auf die Drähte auffädeln und Drahtende mit der Schmuckzange zu einer Öse formen. Mit Jump-Rings beliebig viele miteinander verbinden. Verbundene Stäbchen mit Jump-Ring an der Gliederkette befestigen. Fertig!

SPITZE, DER OHRRING

Das brauchst du: ✱ Spitzenstoff ✱ Ohrringhaken ✱ Schmuckdraht (z. B. von efco) ✱ Zange ✱ HT2-Kleber

So geht's: Um die Größe des Ohrrings festzulegen, den Draht z. B. um einen Pritt-Stift wickeln und in Form bringen. Jetzt die Drahtenden miteinander verschlingen und zu einer Schlaufe biegen. Hier wird der Ohrringhaken eingefädelt. Den Stoff grob zuschneiden. Den Ring gut mit Kleber bestreichen und mit dem Stoff überziehen. Dabei die Spitze so zurückschneiden, dass sie sich genau um den Ring legt. Trocknen lassen und fertig!

MBY TIPP

Recycle für den Ohrring doch einfach den Gold angesprühten Spitzenstoff von Seite 47.

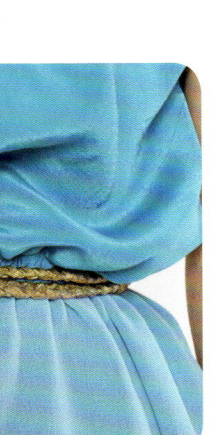

KUVERT-CLUTCH

Das brauchst du: ✱ *Vorlage* ✱ ca. 40 x 40 cm (Kunst-)Leder ✱ Lederkleber (flüssig) ✱ fester Filz oder Moosgummi ✱ Schere ✱ 1 Bogen Blattgold (oder silbern) ✱ Anlegemilch und Überzugslack ✱ evtl. (Leder-)Nadel und Faden ✱ 2 weiche Pinsel ✱ Folie

So geht's: Das Leder nach *Vorlage* zuschneiden. Wie einen Briefumschlag falten und die Kanten mit Lederkleber verkleben. Je nach Wunsch zusätzlich mit Nadel und Faden fixieren. Filz oder Moosgummi in Größe der Taschenrückseite zuschneiden und als Rückseite einlegen und evtl. festkleben (so bleibt die Tasche in Form). Folie auf dem Tisch zum Schutz auslegen. Jetzt den Dreiecksdeckel mit Anlegemilch bestreichen und, wie in der Packungsbeilage beschrieben, antrocknen lassen. Dann das Blattgold vorsichtig auflegen und mit dem weichen Pinsel andrücken. Mit Überzugslack bestreichen, trocknen lassen und für den Vintage-Effekt ordentlich knicken und knautschen sowie leicht mit dem Daumen über das geknickte Leder reiben. Zur besseren Haltbarkeit ein zweites Mal mit Überzugslack bestreichen. Fertig!

BLACK IST BEAUTIFUL
ABENDKLEID

Das brauchst du:

✱ leicht fallende Stoffe (z. B. Polyesterchiffon) ✱ Nähmaschine ✱ Schneiderkreide ✱ Schere etc. ✱ Gummizug (2 cm breit) ✱ Strasssteine oder Deko-Strassmatte und Kleber

So geht's:

Das **Oberteil** besteht aus 2 langen Wrap-Bändern, die im Rücken überkreuzt werden und mehrfach um die Taille gebunden werden. Der **Rock** besteht aus 2 großen Rechtecken. Für ein noch glamouröseres Aussehen fertige einen *Halbkreisrock* an!

Stoffverbrauch:
Rock: ca. 2,5 x Wunschlänge
Bänder: ca.1,40m x 1,40m

Nahtzugaben: Rock: Seitennähte: 1 cm; obere Kante: 2,5 cm, untere Kante: 1 cm
Wrap-Bänder: ringsherum 0,5cm

A) Rock

Aus dem Stoff zwei Rechtecke zuschneiden. Ein Rechteck berechnest du wie folgt: Für die Länge setzt du unter der Brust, wo der Rock ansetzt, bis zum Knöchel bzw. Boden. Für die Breite nimmst du deinen *HÜ* mal 1,5 und teilst diesen Wert durch 2. Jetzt werden beide Teile ringsherum mit *Zickzackstich* versäubert. Dann den Umfang unter deiner Brust abmessen. Für das Vorderteil eine der beiden Rockbahnen an der oberen Kante auf die Länge deines halben Unter-Brustumfang *raffen* (s. Grundkursanleitung *Raffen*). Und für das Rückteil die obere Kante der anderen Rockbahn 2,5 cm nach links umschlagen und im Abstand von 2,3 cm zur Kante *feststeppen*, sodass du einen *Tunnel* für den Gummizug erhältst (siehe Grundkurs *Tunnel*). Nun Gummi unter der Brust an dir abmessen und durch zwei teilen. 2 cm *NZ* dazurechnen.
Tipp: Lieber etwas mehr Gummi zuschneiden und später kürzen. Jetzt wird das Gummi duch den Tunnel gezogen und die Enden mit Steck- oder Sicherheitsnadeln fixiert.

B) Wrap-Bänder

Schneide zuerst zwei Wrap-Bänder im diagonalen Fadenlauf zu. Siehe auch Anleitung *Schrägband*. Die Breite bestimmst du, indem du unter der Brust, wo die Bänder angesetzt werden, von deiner Körperseite bis zur Körpermitte misst. Also 1/4 vom unteren Brustumfang. Die Länge beträgt ca. 2 Meter.
Tipp: Sollte das Band zu kurz sein, verlängere es, wie in der Grundkursanleitung *Schrägband* beschrieben. Jetzt jeweils ein Ende der Bänder gerade abschneiden und das andere spitz zulaufend schneiden. Dann ringsherum mit *Zickzack-Stich* versäubern. Bänder rechts auf rechts aufeinanderlegen und die langen Kanten (vom gerade abgeschnittenen Ende ausgehend) ca. 7 cm weit zusammennähen und die *NZ* auseinanderbügeln. Das ist die vordere Mittelnaht des Oberteils. Die Kanten der Bänder ringsherum 0,5 cm umschlagen und *absteppen*. Nun das zusammengesetzte Wrap-Teil rechts auf rechts auf die obere, geraffte Kante des vorderen Rockteils stecken und mit 2,5 cm *NZ* feststeppen. Achte darauf, dass die vordere Mittelnaht der Bänder auf der *V.M.* des Rocks liegt. Jetzt *NZ* nach unten bügeln. Nun das rückwärtige Rockteil rechts auf rechts auf das Vorderteil legen und die Seitennähte stecken. Dabei den Gummi mitfassen. Jetzt geht es zur Anprobe: Teste, ob der Gummi die richtige Weite hat und schneide ihn ggf. passend zu. Dann die Seitennähte *steppen*. Zum Schluss noch den Rocksaum umschlagen, *feststeppen*. Fertig!

C) Verzieren

Ausschnitt mit Strasssteinen verzieren oder Deko-Strassbänder in Streifen schneiden und strahlenförmig aufkleben.

1. WIR TREIBEN ES AUF DIE SPITZE ...

Das brauchst du: ✴ goldenes Farbspray (outdoorgeeignet) ✴ Ballerina mit glatter Oberfläche ✴ Klebeband zum Abkleben ✴ Folie ✴ Karton

So geht's: Ballerina gut säubern. Jetzt alles mit Klebeband und Folie abkleben, was nicht gold werden soll: Die Sohle dabei nicht vergessen. Zum Sprayen die Schuhe am besten in einen Karton setzen, um unerwünschten Sprühnebel auf der Unterlage zu vermeiden. Raum gut durchlüften. Bitte die Farbe gut trocknen lassen. Fertig!

2. FÜR DIE PRINZESSINNEN UNTER UNS

Das brauchst du: ✴ Glasperlen (Glasperlen-Mix von Knorr-Prandell) ✴ Kettelstifte oder Silberdraht ✴ Schmuckzange, optional: Quetschperle ✴ Ohrringhaken

So geht's: Zuerst die Perlen auf die Kettelstifte oder auf den Draht, dessen Ende zu eine Schlaufe gebogen wurde, beliebig auffädeln. Am Ende wieder eine Schlaufe biegen. 4 bis 5 Perlenstifte nebeneinanderlegen und auf beiden Seiten durch die Drahtösen je einen Kettelstift fädeln. Ende zu einer Schlaufe biegen. Für die schnelle Variante das Ende des Federkiels mit Draht umwickeln (evtl. eine Perle auffädeln) und an einer Öse befestigen. Alternativ auf einen weiteren Kettelstift ein paar Perlen und zum Schluss eine Quetschperle auffädeln. Durch diese Quetschperle den Federkiel schieben und mit der Zange fest zusammendrücken, sodass die Feder fest mit Draht und Perle zusammengehalten wird. Den überstehenden Draht vorsichtig abzwicken. Das obere Häkchen am Kettelstift aufbiegen, einhaken und wieder zusammenbiegen. Öse am Ohrringhaken aufbiegen und den Anhänger an der Schlaufe einhaken und zusammenbiegen.

3. WILLST DU EIN STATEMENT SETZEN?

Das brauchst du: ✴ Lederreste in 2 Farben ✴ Bastel- oder Lederkleber ✴ Schere ✴ Lochzange ✴ Jump-Rings ✴ Gliederkette ✴ *Vorlage*

So geht's: *Vorlage* vom *Vorlagenbogen* abpausen und aus Leder zuschneiden. Kleine Dreiecke auf das große Dreieck kleben. An den Ecken je ein kleines Loch stanzen und die Jump-Rings anbringen. Anhänger an die Kette hängen.

Tipp: Wenn du keine goldenen Lederreste findest, kannst du das Leder erst mit weißer Acrylfarbe grundieren und nach dem Trocknen mit Goldlackspray besprühen.

4. WENN DIR EINE JACKE ZU VIEL IST ...

Das brauchst du: ✴ edlen Strickschal

So geht's: Leg den Schal, mit der linken Stoffseite nach außen zeigend, boleroartig um deine Schultern und Arme und stecke mit ein paar Stecknadeln die beiden langen Schalkanten entlang der Unterarme bis zum Handgelenk zusammen. Ärmel von außen beginnend bis zur Öffnung zusammennähen. *NZ* abschneiden und Kanten mit lockerem *Zickzack-Stich* versäubern, umschlagen und feststeppen. Nach Wunsch kannst du an den Handgelenken einen *Tunnel* für ein Gummiband nähen. Dazu das Gummiband am Handgelenk abmessen, mit 2 cm *NZ* zuschneiden, durchziehen und die Enden überlappend zusammennähen.

Tipp: Du kannst diesen Bolero auch aus edlem Jersey nähen! Hier brauchst du die Kanten nicht versäubern.

Homewear

BRAUCHT MAN EINE SCHLAFBRILLE? ODER EIN ROMANTISCHES NACHTHEMD, DAS VIEL ZU SCHÖN IST, UM DARIN NUR ZU SCHLAFEN? ODER LÄSSIGE HOMEWEAR? DIE ANTWORT IST DOCH KLAR! JAAAAAA!

Polka Dots

MBY TIPP

Tipp: Satinbänder aus Polyester kann man an den Schnittkanten mit dem Feuerzeug leicht anschmelzen und so versiegeln.

Hemdchen im Vintage-Look

Flower-Power

1 TEIL – 3 STYLES

ES WAR MAL EIN SCHLICHTER **WEISSER BH** ...
MIT TÜLL, SATINBAND UND EIN BISSCHEN FANTASIE KANN MAN
DARAUS ETWAS GANZ BESONDERES MACHEN.

HEMDCHEN IM VINTAGE-LOOK

Das brauchst du: ✴ weißer BH aus Baumwolle oder Viskose ✴ 55 cm weißer Wäschetüll (140 cm breit) ✴ 220 cm Satinband ✴ 250 cm Spitzenborte ✴ Eimer ✴ schwarzer Tee (mind. 3 Beutel) ✴ Garn (farblich passend nach dem Färben) ✴ Nähmaschine ✴ Schere ✴ Näh- & Stecknadeln ✴ evtl. Textilkleber ✴ goldener Anhänger

So geht's: BH, Stoff & Bänder ohne Weichspüler waschen. Für den Vintageeffekt wird alles mit schwarzem Tee gefärbt. Dafür einen starken Tee kochen und in den Eimer füllen. Nun alle Textilien eintauchen und gut bewegen. Hinweis: Die verschiedenen Materialien nehmen die Farbe unterschiedlich gut auf. Je höher der Naturfaseranteil ist, desto besser der Effekt. Satinband ist daher schwer zu färben. Für eine gleichmäßige Farbe die verschiedenen Materialien unterschiedlich lang in dem Tee lassen. Danach ausspülen und den Vorgang ggf. wiederholen, bis der gewünschte Farbton erreicht ist. Gut trocknen lassen. **Jetzt geht es an den Tüllrock:** Hier mit dem Saum beginnen: An die lange Tüllkante die Spitzenborte nähen. Jetzt das obere Ende des Tülls vorbereiten. Dafür Tüll raffen: An der langen Kante mit großer Stichlänge je zwei Mal parallel *absteppen* (obere Reihe 0,5 cm, untere Reihe 0,7 cm *absteppen*). Nun wird durch vorsichtiges Ziehen des Garns der Stoff gerafft. Durch die doppelte Naht wird die Raffung gleichmäßiger und feiner. Jetzt wird der Tüll dem BH angepasst. Dazu diesen bitte öffnen. Die Tüllenden an die offenen Verschlüsse mit einer Stecknadel feststecken und den gerafften Tüll gleichmäßig über die gesamte BH-Breite verteilen. Mit Nadel und Faden am Cup fixieren. Und an den längeren Seitenteilen mit einem elastischen Stich (z. B. *Kreuzstich*) den Tüllrock *feststeppen*. Nun das Garn, das man zum Raffen gebraucht hat, herausziehen (damit wird der BH wieder elastisch).
Jetzt geht es an die Deko: Die Cups mit Satinbändern dekorativ bestücken. Dafür das Satinband evtl. vorher aufkleben, so werden Kurven schöner und es entstehen keine „Stecknadelecken". Die restliche Spitzenborte halbieren und mit großem Stich wie den Tüll *steppen* und wieder *raffen* und am BH feststecken und so lange am Garn ziehen und den Stoff schieben, bis eine schöne Rüsche entsteht. Jetzt Garnenden miteinander verknoten und die Rüsche zusätzlich mit der Hand festnähen. Schleife binden und mit dem Anhänger auf den Steg befestigen.

POLKA DOTS

Das brauchst du: ✴ BH ✴ 80 cm schwarzes Satinband (1 cm breit) ✴ 240 cm schwarzes Trägerband ✴ schwarze Pailletten ✴ schwarze kleine Perlen ✴ Schere ✴ Garn ✴ Stecknadeln ✴ Nähnadel ✴ Kleber

So geht's: Die Träger auf die richtige Länge einstellen. Nun die vordere und hintere Position der Träger am BH markieren und Länge ausmessen. Wir brauchen 6 Trägerbänder – für jede Seite drei. Damit eine spannende Fächerung entsteht, haben die Träger unterschiedliche Längen. Zuerst das äußere Band ausmessen. Das ist die Trägerlänge plus 1 cm *NZ*. Jedes Band wird 0,5 cm länger. Einen Träger pro Länge am Cup festnähen, dabei den kürzesten nach außen legen und hinten an der ursprünglichen Trägerposition festnähen. Die anderen Träger je 1 cm versetzt Richtung Verschluss annähen. **Jetzt wird der Cup verziert:** Satinband auf den BH stecken, dabei die Enden 1 cm einschlagen. Dann festkleben. Die inneren Enden reichen bis zum Steg. Übriges Satinband zu einer Schleife binden und auf den Steg nähen. Unterhalb des Satinbands nun die Pailletten annähen: dafür zuerst in den Stoff, dann durch die Paillette, dann durch die Perle und ein zweites Mal durch die Paillette zurück in den Stoff stechen.

FLOWER-POWER

Das brauchst du: ✴ weißer Baumwoll-BH ✴ Stoff mit Blumenmuster ✴ Batik- und Färbefarbe ✴ Eimer ✴ evtl. Salz oder Essig ✴ Textilkleber ✴ Satinband ✴ feine Schere ✴ Garn ✴ Nähnadel

So geht's: BH weichspülerfrei waschen. Nach Anleitung im Eimer färben, dabei ständig bewegen, nur so wird's fleckenfrei! BH trocknen lassen. In der Zwischenzeit schon die kleinen Blumen aus dem Stoff ausschneiden. Die Blumen arrangieren und gut festkleben. **Achtung:** Die Ränder gut andrücken, damit die Blumen nicht fransen. Ebenfalls gut trocknen lassen. Jetzt aus dem Satinband Schleife binden, festnähen, fertig!

LUSTIGE KISSENSCHLACHT
NACHTHEMD

Das brauchst du:

* altes Männerhemd
* Schere * **Vorlage**
* Nähmaschine * Satinband für die Träger
* T-Shirt-Marker ö. ä.

So geht's:

1. Hemd glatt vor dir ausbreiten und Hemdkragen und Ärmel wie auf der Abbildung markiert abschneiden.

2. Kanten versäubern, die Ärmelausschnittkanten knapp nach innen umschlagen und *feststeppen*.

3. Obere vordere Ausschnittkante 2 cm nach innen umschlagen und 1,5 cm vom Rand entfernt *feststeppen*, sodass ein *Tunnelzug* entsteht (siehe Grundkurs). Dann den Vorgang auf der Rückseite wiederholen.

4. Jetzt wird das Trägerband durch den Tunnelzug gefädelt. Möchtest du nur eine Schleife auf einer Schulter, ziehst du das Band durch das Vorder- und Rückteil. Wenn du aber jeweils ein Band durch Vorder- und Rückteil fädelst, bekommst du auf beiden Schultern eine Schleife.

5. Jetzt das Nachthemd anziehen und Trägerlänge abmessen.

6. Für den Druck paust du zuerst die **Vorlage** ab. Diese wird auf das Hemd übertragen und mit T-Shirt-Stift, Stoff- oder Acrylfarbe ausgemalt. Zum Schluss die Farbe noch mit dem Bügeleisen fixieren.

SHORTS

Das brauchst du:

* Männershorts * Schere
* Nähmaschine * elastischer Nähfaden
* Band für die Schleifchen

So geht's:

1. Zuerst die Shorts anziehen und die Stelle markieren, wo der neue Bund des Höschens sitzen soll. Dann mit 0,5 cm *NZ* parallel zum Bund der Shorts abschneiden.

2. Jetzt die Hosenbeine abschneiden. Dabei die Seiten etwas höher ausschneiden, sodass die Länge der seitlichen Beinnähte ca. 13 cm beträgt, dabei ebenfalls eine *NZ* von 0,5 cm beachten!

3. Nun alle Kanten *versäubern*, knapp nach innen umschlagen, bügeln und *knappkantig steppen*.

4. Höschenbund und Beinausschnitte mit zwei parallelen Gummifäden *smoken* (siehe Beschreibung smoken S. 39).

5. Zum Schluss noch seitlich kleine Schleifen zur Verzierung anbringen. Fertig!

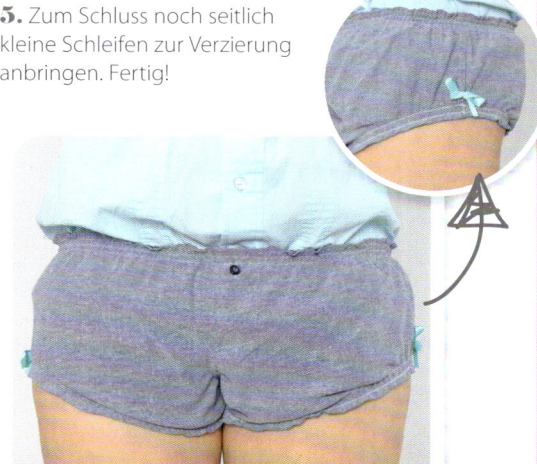

SO SÜSS! MIT DIESER HOMEWEAR WILL MAN GAR NICHT MEHR RAUS ...

FILZ IT!

Das brauchst du:

✳ alter Strickpulli ✳ runde Plätzchenformen ✳ Filz- bzw. Märchenwolle ✳ Filzschwamm als Unterlage ✳ Filznadel ✳ Bügeleisen

So geht's:

1. Pulli glatt ausbreiten und den Filzschwamm dazwischenlegen.
2. Die Plätzchenform auf dem Pulli platzieren und mit der Filzwolle füllen.
3. Mit der Filznadel so lange auf die Wolle einstechen, bis sie sich mit dem Pulli verbunden hat und fest haftet. Zwischendurch immer wieder mal vorsichtig vom Filzschwamm ablösen.
4. Zum Schluss mit dem Bügeleisen (Stufe 2) final fixieren.

PYJAMAHOSE

Das brauchst du: ✳ Stoff: 220 cm (120 cm Breite) ✳ Satinband ca. 1 cm x 60 cm ✳ Gummizug (1 cm breit, ca. 50 cm lang) für das Durchzugband ✳ Ringösen ✳ Nähmaschine ✳ Kontraststoff für den Saumbesatz an den Hosenbeinen

So geht's: Die Saumblenden der Hosenbeine an der Markierung abschneiden und die Schnittteile auf einen Kontraststoff mit 1 cm *Nahtzugabe* ringsherum übertragen und zuschneiden. Alle übrigen Schnittteile auf den Stoff übertragen. Mit 1 cm *NZ* rundherum zuschneiden.

1. Hosenbeine: Vorderes linkes Hosenbein (rechts auf rechts) auf hinteres linkes Hosenbein legen und zuerst die Seitennaht stecken, *steppen* und zusammengefasst *versäubern*. Die Seitennähte der Saumblenden nähen, *versäubern* und an den Saum der Hose nähen. *Nahtzugabe* nach oben bügeln und knapp neben der Naht *absteppen*. Die innere Beinnaht stecken, *steppen*, zusammengefasst *versäubern* und zu einer Seite bügeln. So auch das rechte Bein!

2. Mittelnaht: Eine Hosenhälfte nach rechts wenden und in das linke Hosenbein hineinstecken, sodass die Hälften rechts auf rechts aufeinanderliegen. *Steppe* die mittlere Hosennaht durchgehend von einer zur anderen Seite. *Nahtzugaben* um die Hälfte zurückschneiden und zusammengefasst *versäubern*. Dann zu einer Seite bügeln.

3. Besatz und Durchzug: Den Besatz der oberen Hosenkante an der Umbruchlinie nach innen bügeln. An den Markierungen ein Knopfloch von 1,2 cm Breite nähen. Alternativ kannst du eine Öse (nach Anleitung) einschlagen. Tunnelzug an den eingezeichneten Nahtlinien *steppen*. Satinbänder an das Gummiband *steppen* und durchziehen.

4. Hosensaum: Die Saumzugaben der Blenden ordentlich *versäubern*, dann nach innen umbügeln und *feststeppen*.

LUST AUF KUSCHELN?
JUMPSUIT

Das brauchst du:

✶ Weites (Satin-)Unterhemd o. ä. ✶ alte, weite Pyjamahose ✶ Satinband (oder Streifen aus Stoffrest) für den Gürtel und die Schleife (Länge nach Belieben) ✶ Wolle ✶ Häkelnadel ✶ Maßband ✶ Nadel & Faden ✶ Nähmaschine

So geht's:

Der Jumpsuit besteht aus einer alten Shorts und einem gebrauchten Unterhemd …

1. Unterhemd anprobieren und auf Höhe der Hüftknochen eine Markierung setzen. 3 cm unter der Markierung parallel zum Saum abschneiden.

2. Bund der Pyjamahose abschneiden.

3. Jetzt die Weiten angleichen, denn das Unterhemd muss denselben Umfang am Saum haben wie die Hose am Bund! Daher muss ein Teil evtl. etwas enger genäht werden!

4. Alle Saumzugaben *versäubern*.

5. Das Unterhemd nach links wenden. Hose und Unterhemd (mit den rechten Stoffseiten aufeinanderliegend) so ineinanderstecken, dass die Saumkante des Unterhemds auf der Bundkante der Hose liegt. Darauf achten, dass die Seitennähte exakt aufeinanderliegen!

6. Taillennaht *steppen*. Danach den Overall sorgfältig bügeln und anschließend wenden.

7. An den Seitennähten kleine Schlaufen für den Gürtel anbringen. Dazu einfach ein paar *Luftmaschen* zu einer Schnur häkeln und die Enden an den Seiten mit der Hand festnähen.

8. Band für den Gürtel zuschneiden, Schleife formen und fest annähen.

TEDDY WÄRMFLASCHE

Das brauchst du: ✷ altes Kuscheltier ✷ Mini-Wärmflasche (z. B. für Babys oder bei Geschenkartikeln) ✷ Schere ✷ Reißverschluss (Länge am Kuscheltier testen)
Tipp: Darauf achten, dass das Kuscheltier groß genug für die Wärmflasche ist!

So geht's: Reißverschluss auf der Rückseite des Kuscheltiers platzieren und mit Handstichen gut festnähen. Reißverschluss öffnen und Kuscheltier dazwischen aufschneiden. Füllwatte aus dem Bauch entfernen. Die Arme, Beine und evtl. den Kopf mit der Hand abnähen, damit die Füllwatte nicht rauskommt. Wärmflasche einlegen. Fertig!

vorne

hinten

DIE KULTDECKE MIT ÄRMELN AUS „HOW I MET YOUR MOTHER" ...

COOLER PONCHO

Das brauchst du:

✳ leichte Kuscheldecke ✳ alter Strickpulli mit langen Ärmeln ✳ Nähmaschine ✳ Schere ✳ Garn ✳ Stecknadeln ✳ evtl. Kreide

So geht's:

1. Pulli auf die Decke legen und so die Rückenbreite des Pullis ausmessen. Die Breite mit Kreide auf die Decke zeichnen.

2. Nun die Höhe der Ärmel festlegen. Dafür die Decke an der markierten Rückenweite an die Schultern halten – so wird verhindert, dass die Vorderkanten zu lang werden.

3. Jetzt die Ärmel vom Strickpulli abtrennen. Damit der Strick nicht aufribbelt, hinter der Naht schneiden. So wird sichergestellt, dass der Kettelstich erhalten bleibt.

4. Um die Ärmel mit der Decke zu verbinden, müssen die Armlöcher aus der Decke ausgeschnitten werden. Damit später alles passt, wird der Pulli (ohne Ärmel) auf die Decke gelegt. Und mit Kreide das Armloch nachgezeichnet. 1 cm NZ einplanen.

5. Dann ausschneiden und Ärmel feststecken. Jetzt noch absteppen und mit Kreuzstich oder Kettelnaht versäubern. Fertig!

FELL-BOOTIES

Das brauchst du: ✳ Fell ✳ Ledernadel ✳ Nähmaschine ✳ festes Garn ✳ Espadrilles-Sohlen (vom Prym) ✳ Stecknadeln ✳ Schere ✳ *Vorlage*

So geht's: Das Fell in der passenden Schuhgröße nach **Vorlage** ausschneiden. Beide Vorderteile mit den jeweiligen Rückteilen zusammennähen. Jetzt Schaft als Tunnel nähen und so an das Fußteil steppen, dass die Naht an der Innenseite des Fußes genau auf die Naht des Schaftes trifft. Entlang der Fußsohle 0,5 cm breit das Fell vom Leder abschneiden. So kann das Fußteil besser an die Sohle genäht werden. Dafür mit der Ledernadel zuerst durch die Sohle (ca. 5 mm unterhalb der Kante) und dann durch das Fell stechen. Den Vorgang wiederholen, dabei als Letztes die Nadel durch die Schlaufe führen, die durch den neuen Stich entsteht. Überschüssiges Fell vorne einhalten, d. h. die Mehrweite auf der markierten Strecke verteilen. Nach Belieben den Schaft umschlagen, fertig!

EIGENTLICH ZU SCHÖN, UM NUR DAMIT ZU SCHLAFEN ...

ROMANTISCHES NACHTHEMD

Das brauchst du:

✻ 120 x 120 cm elastischen Stoff ✻ 120 cm elastische und extrabreite Spitze (13 cm auf dem Bild) ✻ breiter Gummibund und elastische Spitze ✻ 5 m Spitzenborte ✻ 2 m Baumwollband ✻ Blume ✻ Broschennadel ✻ Maßband ✻ Kleber ✻ Nähmaschine ✻ Schere ✻ Garn ✻ Nadel ✻ Stecknadeln

So geht's:

1. Gummibund am Körper abmessen, je 1 cm *NZ* zugeben, abschneiden und zusammennähen (= *SN*).

2. Den Stoff zweimal falten, sodass ein Quadrat von 60 x 60 cm entsteht.

3. Nun an der Ecke mit den geschlossenen Faltkanten mit dem Zirkel einen Viertelkreis ziehen. Das wird der Rockbund. Die passende Länge wird wie folgt berechnet: Radius ist gleich Gummilänge: 2 x Pi (siehe *Kreisformel*). Und 1 cm *NZ* einplanen.

4. Kreis ausschneiden und den Stoff auseinanderfalten. Jetzt ist in der Stoffmitte ein gleichmäßiges Loch. Nun wird die Lochkante von innen an den Gummibund gesteckt. Mit großen *Zickzack-Stichen absteppen*.

5. Den Saum mit Spitzenborte *versäubern*, an den Stoffecken ein Dreieck einklappen und *feststeppen*.

6. Die breite Spitze halbieren und am Rücken so mit *Zickzack feststeppen*, dass sich beide Teile in der hinteren Mitte berühren.

7. Kleid anziehen und Trägerlänge festlegen. Vorne ebenfalls mit *Zickzack feststeppen*.

8. Auf den Gummibund elastische Spitze applizieren.

9. Das Gürtelchen evtl. mit kleinen Stichen an einigen Punkten festnähen.

10. Den Stängel der Blüte möglichst knapp zurückschneiden und mit Kleber auf die Brosche setzen. Wenn möglich annähen, damit die Blume zum Schlafen nicht abgenommen werden muss.

COOLE SOCKE

Das brauchst du: ✻ Socke ✻ Wolle ✻ Schere ✻ Nähmaschine ✻ Schneiderkreide ✻ dicke Nadel ✻ passende Stricknadeln

So geht's: Schaft der alten Socke auf Knöchelhöhe abschneiden und Kanten mit *Zickzack-Stich versäubern*. Stricken (s. Grundkursanleitung): Der neue Sockenschaft besteht aus einem zusammengenähten Rechteck. Dieses wird in Längsrichtung gestrickt. So ist es weniger dehnbar. Deswegen darauf achten, dass man bei der Breite des Schafts noch bequem reinschlüpfen kann! So lange mit festen Maschen hin- und herstricken, bis die Wunschhöhe erreicht ist. Am Ende die Maschen *abketten* und den Faden vernähen. Die Kanten des Rechtecks zusammennähen, sodass eine Stulpe entsteht. Und rechts auf rechts mit der Socke *verstürzen*. Socke anziehen und den Teil der Socke, der mit dem Webmuster verziert werden soll, mit Kreide markieren. Mit der Nadel die Wolle locker hin- und herweben und dann am Ende vernähen.

Lieblingsteile ♡

1. AUGENMASKE

Das brauchst du: ✷ 2 mal 20 x 10 cm festen Sweatshirtstoff ✷ 40 cm Wäschelitze ✷ Nähmaschine ✷ Schere ✷ Nadel und Faden ✷ Stecknadeln ✷ *Vorlage*

So geht's: Die Maske nach *Vorlage* doppelt zuschneiden und beide rechte Stoffseiten nach oben zeigend aufeinanderstecken. Gummi an einer Seite zwischen den Lagen feststecken und dann die Gummilänge am Kopf abmessen. Entlang der Außenkante bei 0,5 cm *absteppen*. Der überstehende Saum rollt sich mit der Zeit lässig zusammen. Ungeduldige helfen mit Wasser nach.

2. KIRSCH-KERNKISSEN MIT TRAGEBAND

Das brauchst du: ✷ 500 g Kirschkerne ✷ 24 x 32 cm gewaschenen Stoff ✷ mind. 2 m Satinband ✷ Nähmaschine ✷ Schere ✷ Garn ✷ Nadel ✷ Stecknadeln

So geht's: Der Stoff sollte weich und stabil sein, allerdings genügend Wärme durchlassen. Den Stoff zuschneiden und rechts auf rechts so zusammenlegen, dass das Rechteck 24 x 16 cm groß ist. Das Satinband halbieren und so zwischen die Lagen schieben, dass es mittig der kurzen Seiten liegt und mit der *Nahtzugabe* endet. Der lange Teil liegt innen zwischen den Stofflagen (weil diese später auf rechts gezogen werden). Das Band mit *Zickzack-Stich* an der *Nahtzugabe* sichern. Die Seiten und die obere Kante zunähen, dabei 6 cm Öffnung zum Wenden lassen. Jetzt umdrehen, die Kerne einfüllen und die Öffnung mit der Hand schließen. Fertig!

Tipp: Das lange Satinband ist nicht nur Zierde. Du kannst es auch um den Bauch schlingen und damit das Wärmekissen an der gewünschten Stelle fixieren.

3. BOMMEL-STULPEN

Das brauchst du: ✷ 2 Knäuel Wolle (50 g) ✷ (Rund-)Stricknadeln (Nr. 8 – 10) ✷ Wollreste für die Bommel

So geht's: EASY! Bei den Stulpen wird nur hin- und her und NICHT rundgestrickt! So entsteht ein Rechteck, das zu einer Stulpe zusammengenäht wird. Es ist wichtig hier erst eine *Maschenprobe* zu machen (siehe Grundkurs *Stricken*). Jetzt die gewünschte Höhe der Stulpe (vom Knöchel aufwärts) abmessen und die entsprechende Maschenzahl anschlagen.

Dann wie folgt stricken:
*1 Reihe rechte Maschen, wenden
1 Reihe linke Maschen, wenden
1 Reihe linke Maschen, wenden*
Von * bis * so lange wiederholen, bis die gewünschte Breite deiner Stulpe erreicht ist. Maschen *abketten*. Kanten mit der Wolle möglichst unsichtbar zu einer Stulpe zusammennähen.

EXTRA-Tipp: Daraus lässt sich auch eine Handstulpe machen. Dafür einfach ein kleines Loch für den Daumen beim Nähen aussparen!

Bommel: Wolle 5- bis 6-mal um den Zeigefinger wickeln zu einem Knöllchen, dabei am Anfang und Ende ca. 10 cm überstehen lassen. Mit den überstehenden Enden an den beiden gegenüberliegenden Seiten des Knöllchens feste Knoten machen. Bommel an der Stulpe befestigen, indem die beiden Woll-Enden durch die Stulpe gefädelt und auf der Innenseite verknotet werden.

4. KUSCHEL-KISSEN

Das brauchst du: ✷ Kissen (z. B. 40 x 40 cm) ✷ verschiedene, aber passend gemusterte Stoffe, darunter 42 x 42 cm Strickstoff ✷ Sticknadel & -garn ✷ Bänder ✷ Stickrahmen ✷ Einlage H 180 ✷ Bügeleisen ✷ Nähmaschine ✷ Kreide ✷ Schere ✷ Garn ✷ Nadel ✷ Stecknadeln ✷ Stickvorlage, Schriftzug oder Motiv

1. Tipp: Wir haben die Stoffreste der Augenmaske, des Kirschkernkissens und den Vorder- und Rückenteil des Pullovers der Decke mit Ärmeln (von S. 71) verwendet.

2. Tipp: Mittlerweile gibt es im Internet Schriftzug-Generatoren, die jeden Satz in verschiedene Kreuzstichschriftarten übersetzen. Die schönsten findest du unter http://stitchpoint.com/home-deu.php

So geht's: Die Stoffe sollten einmal gewaschen sein, damit sie nachher nicht einlaufen. Wir haben die 40 x 40 cm große Grundfläche in 3 Teile geteilt (14 x 40 cm, 26 x 12 cm & 26 x 28 cm) und mit jeweils 1 cm *NZ* pro Kante zugeschnitten. Die Position der Stickerei bestimmen, mit Kreide vorzeichnen und die Rückseite mit Einlage bebügeln. In den Stickrahmen einspannen und los geht's! Buchstaben mit Kreuzstich sticken. Nun die Rechtecke des Vorderteils zusammennähen, die *NZ* auseinanderbügeln und die Borten auf die Nähte stecken und feststeppen. Die Seiten schließen, dabei unten 28 cm Öffnung zum Wenden und füllen lassen. Die Kanten auseinanderbügeln, wenden, das Kissen einschieben und die Öffnung mit der Hand schließen. Fertig!

School

MATHE IST LANGWEILIG? UND PHYSIK ERST!? MIT DIESEN DIY-OUTFITS WERDEN DEINE SCHULSTUNDEN BUNT, COOL UND RICHTIG STYLISH ...

1 TEIL – 3 STYLES

EIN **WEISSES SHIRT** KANN EDEL, SPORTLICH ODER AUCH ROMANTISCH-SÜSS AUSSEHEN. WIR HABEN DREI IDEEN, MIT DENEN DU MEHR AUS DEINEM BASIC-TEIL MACHEN KANNST.

SO EDEL!

Das brauchst du: ✳ T-Shirt ✳ Reißverschluss ✳ Nähmaschine mit RV-Fuß ✳ Stecknadeln ✳ Garn ✳ Schere

So geht's: Hier wird dein T-Shirt nur mit einem schwarzen Reißverschluss gepimpt (natürlich kannst du auch alle anderen Farben wählen). Dazu zuerst die Rückenmitte bestimmen: das Shirt in der Mitte falten, indem du die linke Hälfte des VT auf die rechte Hälfte des VT legst. Jetzt den Reißverschluss so auf das Shirt stecken, dass der Anfang mit dem Schieber am Halsausschnitt abschließt. Dann *knappkantig* an den Zähnchen *entlangsteppen*: Unten beginnen und gegen Ende den Schieber nach unten ziehen, damit auch der Anfang knapp gesteppt werden kann. Die andere Seite genauso *steppen*. Nun den T-Shirt-Stoff zwischen den neuen Nähten aufschneiden, diesen und das überstehende RV-Band umklappen, feststecken und so im Nahtschatten ein zweites Mal *festeppen*. Entlang des Bandes vom Reißverschluss ebenfalls *knappkantig steppen*.

SO SPORTY!

Das brauchst du: ✳ T-Shirt ✳ Transferfolie „Samt-Art" ✳ Vliesofix ✳ Bügeleisen ✳ Schere ✳ Computer mit Drucker ✳ Bleistift ✳ Gabel ✳ Alternativ: Flockfolie mit Samtoptik

So geht's: Zuerst brauchst du deinen Lieblingsschriftzug: Du kannst zum Beispiel PARIS in Word schreiben und in unterschiedlichen Schriften und Größen anlegen. Oder auch im Netz recherchieren. Jetzt den Schriftzug ausdrucken, auf *Vliesofix* übertragen und ausschneiden. Das *Vliesofix* auf die Samtseite der Transferfolie legen und das T-Shirt darauf positionieren, sodass du den Stoff bügelst – und nicht die Folie! Beim Bügeln ordentlich Dampf verwenden und herumdrehen. Mit einer Gabel über die Folie drücken, damit sich der Samt löst. Da dieser sich nicht gleichmäßig abnehmen lässt, entsteht ein cooler Vintageeffekt. Für die Ärmel 1 cm breite Samtstreifen in der Länge des Ärmelumfangs abschneiden. Das Applizieren funktioniert wie beim Schriftzug. Deine ganz besondere Aufmerksamkeit verlangt der Übergang von Vorder- und Rückteil. Leichter geht es mit Flockfolie, die entsprechend zurechtgeschnitten und aufgebügelt wird.

SO SWEET!

Das brauchst du: ✳ T-Shirt ✳ Schere ✳ Spitzenstoff oder -band (ca. 70 cm) ✳ Nadel und Faden

So geht's: Ärmel und Ausschnittkante vom Shirt abschneiden. Jetzt hast du ein Tanktop. Dann den Saum auftrennen, einen 3 cm breiten Streifen parallel zum Saum einzeichnen und abschneiden – daraus machst du später die Rüschen. Den Jersey-Ring an einer Seitennaht aufschneiden, damit du ein langes Band erhältst. Das Spitzenband identisch zuschneiden. Und Jersey- und Spitzenband aufeinanderlegen und zusammengefasst zu kleinen *Rüschen einreihen* (siehe Grundkursanleitung). An der Ausschnittkante beginnend schlangenförmig das Rüschenband aufstecken und mit der Hand festnähen. Spitze und Jersey an der offenen, oberen Kante auseinanderziehen, damit die Rüsche etwas voller wird. Spitze evtl. etwas zurückschneiden. Fertig!

SÜSSER SCHMUCK

Das brauchst du: ✳ Bastel- oder Blumenbindedraht (auf die Farbe achten, da er sichtbar bleibt) ✳ kleine Zange ✳ 2 Nagellacke in zwei verschiedenen Farben ✳ breiten Pinsel ✳ runden Stift als Hilfsmittel ✳ Ring mit Schmuckplatte bzw. Ohrringhaken ✳ Perlen ✳ Schmuck- oder Heißkleber

So geht's: Den Draht in vier Windungen spiralförmig um den Stift wickeln, dabei Drahtanfang und -ende etwas überstehen lassen und abzwicken. Spirale vom Stift schieben und jede einzelne Windung in sich verdrehen, sodass du vier gleichmäßige Kreise erhältst. Die vier Kreise flügelförmig anordnen und in der Mitte miteinander verdrehen. Aus den Drahtenden den Körper und kleine Fühler formen. Pinsel in den Nagellack tauchen und flächig, von der Mitte nach außen, über jeden Flügel einzeln ziehen. Dabei muss der Pinsel immer im Kontakt mit dem Draht bleiben! Wenn sich eine dünne Schicht gebildet hat, diese gut trocknen lassen und den Vorgang mehrmals wiederholen. Perlen aufkleben. Schmetterling auf Ring kleben bzw. an Ohrringhaken befestigen.

Extra-Tipp: Vintage Style: Du kannst auch Blumen mit dieser Technik formen! Mehrere Blüten anfertigen und zum Beispiel auf eine Haarspange kleben.

EIN ABSOLUTER KLASSIKER

TRENCHCOAT-BLAZER

Das brauchst du:

Für den Trenchcoat:
✳ Alter Trenchcoat ✳ vorgefalztes *Schrägband* (bzw. *Schrägband* nach Grundkursanleitung selbst herstellen) ✳ Nähmaschine

Für den Gürtel:
✳ 2 Stoffstreifen in unterschiedlichen Farben oder Mustern ✳ Gürtelschnalle mit Stift, z. B. von einem alten Gürtel ✳ Lochzange (oder kleine spitze Schere) ✳ Metallösen (je nach Durchmesser des Gürtelstifts)

So geht's:

A) Gerade Kanten einfassen

1. Zuerst musst du die benötigte Länge des *Schrägbandes* bestimmen, indem du die Länge der Kanten abmisst, die eingefasst werden sollen. Jetzt das *Schrägband* entsprechend abschneiden, aufklappen und eine Seite bündig an die Mantelkante stecken. Dabei liegt die rechte Seite des *Schrägbandes* auf der linken Seite des Mantels.

2. Jetzt wird das *Schrägband* auf der Falz festgenäht. Dann um die Mantelkante klappen und mit Stecknadeln feststecken. Jetzt müssen die Kanten sorgfältig gebügelt werden.

3. *Schrägband* von rechts annähen und dabei möglichst schmalkantig *steppen*.

B) Ecken einfassen

Das ist schon etwas für echte Profis! **Unser Tipp:** Übe das unbedingt erst einmal an einem Probestück!

1. Das *Schrägband* bis zur Ecke festnähen und dann das Nahtende mit einem Rückstich gut sichern.

2. Jetzt den Stoff im rechten Winkel zur gesteppten Kante zu einer diagonalen Falte (45 Grad) umschlagen.

3. Auf der anderen Seite der Falte die Nadel genau am Eckpunkt einstechen, Nahtanfang sichern und weiternähen.

4. Anschließend das *Schrägband*, wie oben beschrieben, wieder um die Stoffkante legen, stecken, bügeln und festnähen. (Dabei den Streifen an der Ecke zur Falte legen.)

C) Gürtel

1. Je einen Streifen mit 1 cm *NZ* aus den beiden Stoffen zuschneiden. Bei leichten Stoffen bügelst du am besten Vlieseline auf die Rückseite. Die Länge bestimmst du, indem du einen passenden Gürtel abmisst. Bei der Breite solltest du dich an der bestehenden Gürtelschnalle bzw. an den Schlaufen am Trenchcoat orientieren.

2. Die Stoffstreifen rechts auf rechts aufeinanderlegen und eine schmale sowie beide langen Seiten *steppen*.

3. *NZ* auf wenige Millimeter zurückschneiden und das Gürtelband nach rechts wenden.

4. In gleichmäßigen Abständen Markierungen für die Gürtellöcher anzeichnen. **Tipp:** Dabei kannst du am besten einen alten Gürtel als Vorlage benutzen.

5. Ringösen einstanzen.

6. Gürtelschnalle am anderen Ende ein Stück weit durch das Gürtelband ziehen, dieses nach hinten umschlagen und gut *feststeppen*.

7. Die offenen schmalen Kanten des Gürtels 1 cm nach innen umklappen, bügeln und knappkantig von rechts *zusammensteppen*.

TOTAL IM TREND: BETTELARBAND

Das brauchst du: ✱ leichte, lufttrocknende Modelliermasse (z.B. Rayher) ✱ Buchstabenstempel ✱ Messer ✱ Holzspieß ✱ wasserfeste (Lack)-Stifte ✱ Gliederkettchen ✱ Jump-Rings ✱ Perlen ✱ Kettelstifte

So geht's: Aus der Modelliermasse eine gleichmäßige ca. 0,5 cm dicke Fläche ausrollen. Jetzt mit den Stempeln Buchstaben in die Masse drücken. Wir haben die Stempel im Vorfeld mit ganz wenig Öl bestrichen, damit nichts kleben bleibt. Buchstaben quadratisch ausschneiden und mit dem Holzspieß ein Loch in eine Ecke bohren. Gut trocknen lassen und Buchstaben-Anhänger bemalen. Jump-Ring an der Ecke anbringen und an der Kette befestigen. Die Perlen auf die Kettelstifte fädeln und mit Jump-Rings an der Kette befestigen. Aus Leder- oder Bänderresten kleine Schleifen formen und zwischendrin mit Jump-Rings befestigen! Aus Leder- oder Bänderresten kleine Schleifen formen und zwischendrin mit Jump-Rings befestigen!

Tipp: Du kannst das auch gut als Freundschaftsbandnutzen: Einfach ein Band mit dem Namen deiner ABF und eins mit deinem Namen machen. Du trägst ihren Namen und schenkst ihr das mit deinem!

WIR HABEN LUST AUF SONNE

SCHLEIFENROCK

Das brauchst du:

✱ leichte Kleiderstoffe (z. B. Baumwolle, Viskose o. ä)
✱ Schneiderkreide, Maßband ✱ Druckknöpfe ✱ Nähmaschine

Stoffverbrauch: ca. 250 cm (bei einer Stoffbreite von 145 cm)
Nahtzugaben: 1 cm für Rock und Bindeband

So geht's:

Der Rock besteht nur aus zwei Teilen: einem großen Rechteck und einem langen Bindeband.

1. Aus dem Stoff wird zuerst ein Rechteck zugeschnitten: die Breite errechnest du aus deinem Hüftumfang mal 2. Die Länge wird ganz nach deinem persönlichen Wunsch zugeschnitten.

2. Jetzt werden die Kanten rundherum *versäubert*.

3. Und dann die schmalen Stoffkanten miteinander vernähen. Dazu die rechte auf die linke legen, 1 cm nach links umschlagen und *feststeppen*.

4. Um die Raffung vorzubereiten, werden von der rechten oberen Stoffkante 15 cm zur *VM* hin abgemessen und markiert. Das nennt man Untertritt.

5. Damit später alles perfekt sitzt, muss als Nächstes der Taillenumfang (bzw. die Stelle, wo der Rock sitzen soll) abgemessen werden. Dann die obere, lange Stoffkante bis zur Markierung auf den abgemessene Taillenumfang *einreihen* (siehe Grundkursanleitung). Und die Mitte des gerafften Teils markieren.

6. Bindeband zuschneiden: Länge ca. 250 cm, Breite ca. 20 cm (plus *NZ*). Die Enden schräg abschneiden.

7. Mitte des Bandes markieren und rechts auf rechts auf die markierte Mitte des Rocks stecken. Band von der Mitte aus beginnend zu beiden Seiten hin über die gesamte Länge der Raffung feststecken. Und dann alles *steppen*.

8. Nahtzugaben auseinanderbügeln. Die offene Kante des Untertritts 1 cm umschlagen und *feststeppen*. Die offenen Kanten des Bindebandes ebenfalls ringsherum 1 cm umschlagen und *feststeppen*.

9. Saum umschlagen und *feststeppen*.

10. An die äußere rechte Ecke des Untertritts einen Druckknopf annähen. Das Gegenstück 15 cm von der linken äußeren Stoffecke entfernt annähen. Fertig!

ZAUBERWÜRFEL-KETTE

Das brauchst du: ✱ 27 Mini-Würfel (Spielwarenladen) ✱ Sekunden- oder anderen starken Kleber ✱ weiße Lackfarbe zum Grundieren (bei Holzwürfeln eignet sich auch Acrylfarbe) ✱ 6 verschiedene Nagellack-Farben (z. B. Rot, Gelb, Dunkel- und Hellblau, Grün, Weiss) ✱ dünner Basteldraht ✱ schwarzer, wasserfester, dünner Stift ✱ evtl. kleiner Jump-Ring ✱ Gliederkette

So geht's: Eine Seitenfläche besteht aus 3 x 3 Mini-Würfeln: Die Mini-Würfel bis auf den letzten Würfel mit Kleber zu einem großen Würfel zusammensetzen. Jetzt eine kleine Drahtschlaufe formen und zusammen mit dem letzten Würfel so aufkleben, dass ein Stück Drahtöse hervorschaut und du eine Befestigungsmöglichkeit für die Kette hast. Würfel mit weißer Farbe grundieren und gut trocknen lassen. Seiten mit Nagellack bemalen und wieder trocknen lassen. Zum Schluss mit dem schwarzen Stift die gitterartigen Würfel-Zwischenräume nachzeichnen.

KETTE

Das brauchst du:
* diverse lange Ketten (wichtig: die Ketten müssen Glieder oder einen Ring am Ende haben)
* 2 Jump-Rings (1 cm Durchmesser) * farbige Bindebänder (ca. 0,5 cm) * Zange
* kleine (Strass-)Nieten * Karton

So geht's: Ketten mit der Zange nach Belieben kürzen. Die Ketten sollten in der Länge unterschiedlich sein, damit sie versetzt fallen. Am besten testest du das erst vor dem Spiegel aus, bevor du sie abzwickst. Die Enden jeweils mit einem Jump-Ring zusammenfassen und ein Bindeband am Jump-Ring befestigen. Für die Blüte das Band mehrmals um ein Stück Karton wickeln, an den beiden Seiten aufschneiden und die Enden diagonal abschneiden. In der Mitte zusammenbinden. Und eine Niete aufkleben. Alternativ kannst du auch kleine Schleifen oder *Pompons* anbringen.

WE LOVE PREPPY

PRINT-BLUSE

Das brauchst du:

* alte Bluse * Klebestreifen (Tesa)
* Karton * wasserfeste Stifte oder Edding
* Bügeleisen

So geht's:

1. Zuerst die Bluse bügeln und flach vor dir ausbreiten. Dann ein Stück Karton in die Bluse schieben, damit die Farbe nicht durchdruckt.

2. Klebestreifen in gleichmäßigen Abständen zuerst längs, dann quer auf die Bluse kleben, sodass ein Kreuzgitter entsteht.

3. Mit Edding die Negativformen ausmalen, Klebestreifen entfernen und mit dem Bügeleisen fixieren.

ROCK-TASCHE

Das brauchst du:

* alter (Leder-)Rock * Nähmaschine
* 2 Bänder für die Träger, ca. 65 cm lang (z. B. ein alter Gürtel)

So geht's:

1. Im ersten Schritt den Rock nach links wenden und vor dir ausbreiten, sodass die Saumkante nach unten zeigt. Dann den Rock auf ca. 65 cm kürzen.

2. Jetzt von den beiden unteren Ecken jeweils ein 5 cm großes Quadrat rausschneiden.

3. Nun die lange Saumkante zusammenstecken und *steppen*. Das wird der Taschenboden.

4. Die Ecken des Quadrats nehmen und auseinanderziehen, sodass eine T-Form im rechten Winkel zur Taschenbodennaht entsteht. Den so entstandenen seitlichen Saum zusammenstecken. Erst die eine Hälfte des „T-Strichs" von außen beginnend nach innen bis zur Bodennaht nähen. Dann dasselbe beim anderen „T-Strich" wiederholen. Alle Nähte treffen sich an einem Punkt!

5. Den letzten Schritt auf der anderen Seite der Tasche wiederholen und Tasche wenden. Henkel aufnähen. Und fertig!

PERLEN-PUMPS

Das brauchst du: * High-Heels zum Pimpen * 4 – 5 flache Knöpfe mit verschiedenen Durchmessern (abhängig von der Perlengröße, jedoch nicht zu klein!) * einige verschiedenförmige und -farbige Glasperlen * Heißkleber

So geht's: Die Glasperlen blütenförmig mit Heißkleber um den Rand des Knopfes herum festkleben. Eine Perle in die Mitte setzen. Jetzt die fertigen Blüten nebeneinander am Schuh gruppieren und ebenfalls mit Heißkleber befestigen.

WE LOVE THIS LOOK!

BANDEAU-KLEID

Das brauchst du:

* Bandeau- bzw. Träger-Top oder T-Shirt * gestreiften Jersey-Stoff
* Nähmaschine * Gummiband * schwarzen Jersey für den Rock

So geht's:

1. Zuerst schneiderst du dir das Top: Dazu das Top auf Höhe des Bauchnabels (plus 1 cm *NZ*) abschneiden.

2. Jetzt Umfang des neuen Top-Saums mit dem Maßband abmessen. Mit der *Kreisrock-Formel* (siehe Grundkursanleitung) den Innen- und Außenradius für das Schößchen berechnen.

3. Nun einen vollen Kreis auf den gestreiften Jersey-Stoff einzeichnen und mit 1 cm *NZ* ausschneiden.

4. Schößchen und Top rechts auf rechts an der Taille zusammenstecken und mit *Zickzack-Stichen* zusammennähen (Grundkurs *Jersey nähen*).

5. Jetzt ist der Rock an der Reihe: Dafür ein Rechteck auf den doppelt liegenden schwarzen Jersey einzeichnen. Die Breite entspricht der Breite des Top-Saums. Die Länge legst du nach Wunsch fest.

6. Rechtecke zuschneiden und rechts auf rechts an den Seitennähten zusammennähen, sodass du einen Schlauch erhältst.

7. Im nächsten Schritt Rock und Oberteil rechts auf rechts an der Taillennaht zusammenstecken und dabei darauf achten, daß die Seitennähte exakt aufeinanderliegen. Mit *Zickzack-Stichen* entlang der bereits gesteppten Taillennaht, wo der Rock angesetzt wurde, *steppen*.

8. Kleid wenden und die Taillennaht flach bügeln. Danach Rocksaum nach links umschlagen, bügeln und mit *Zickzack-Stichen feststeppen*.

9. Kleid anziehen und die Weite des Gummis an der entsprechenden Stelle an dir abmessen. An beiden Enden jeweils 2,5 cm länger zuschneiden. Nun die Mitte des Gummis bestimmen und auf die vordere Mitte des Kleides stecken.

10. Den Gummi knappkantig entlang der Vorderseite mit *Zickzack-Stichen* aufsteppen. Die Rückseite bleibt lose, damit du problemlos in das Kleid reinschlüpfen kannst.

11. Zum Schluss als Verschluss für den Gummigürtel einfach 2 Druckknöpfe einstanzen.

MBY TIPP

Bei feinen oder leicht fransenden Stoffen kann man die Einlage H180 zur Verstärkung des Ärmelbadges aufbügeln!

...mit coolen Ärmelpatches

INSPIRED BY „GOSSIP GIRL"

PREPPY BLAZER

Das brauchst du:

Für den bezogenen Knopf: ✶ hübschen Stoff ✶ Füllwatte ✶ Nadel & Faden ✶ Schere ✶ Zirkel ✶ Papier

Für die Ärmelbadges & Tascheneingriffe: ✶ schönen Stoff oder (Kunst-)Leder ✶ Sticknadel ✶ Sticktwist ✶ Zirkel ✶ Papier ✶ Schere ✶ Stecknadeln

So geht's:

A) Bezogener Knopf:

1. Stoffkreis mit dem Durchmesser der doppelten Knopfbreite zuschneiden.

2. Aus der Füllwatte einen kleinen Berg auf den Knopf vom Blazer türmen.

3. Und mit doppeltem Faden 5 mm von der Stoffkante entfernt einmal um die Außenkante des Kreises nähen. Die Enden offen lassen. Jetzt die Naht zusammenziehen. Das so entstehende „Säckchen" wird über den Knopf gestülpt, zugezogen und festgeknotet. Jetzt zusätzlich noch einmal festnähen.

4. Wenn nötig kannst du das Knopfloch easy erweitern. Dafür vorsichtig an der Spitze einschneiden und den neuen Schnitt mit der Hand umnähen.

B) Ärmelpatches & Tascheneingriffe:

1. Zuerst die Vorlage für die Patches erstellen. Dazu einen Kreis mit 4 cm Radius zeichnen. Noch einmal 3 cm vom Mittelpunkt entfernt einstechen und einen weiteren Kreis mit ebenfalls 4 cm Radius ziehen.

2. Die Kreise außen verbinden, sodass ein Oval entsteht. Fertig ist die Vorlage. Jetzt diese auf den Stoff übertragen und zweimal zuschneiden und mit dem Festonstich (Schlingstich genannt) auf die Ärmel applizieren.

3. Für den Festonstich an der Unterkante des Patches von linker Stoffseite nach außen beginnen und 5 mm nach rechts und 5 mm nach oben nach innen einstechen und die Nadel direkt unterhalb des Patches herausführen und durch die entstehende Schlaufe fädeln.

4. Für die Tascheneingriffe die Breite des Eingriffs messen. Unser Schnitt ist ein Rechteck mit dem Maßen vom Tascheneingriff x 3 cm mit 1 cm NZ an jeder Kante.

5. Die NZ nach innen bügeln, dabei zuerst die kurzen Kanten umbügeln. Eine *Nahtzugabe* in das Tascheninnere klappen, die anderen einschlagen, feststecken und ebenfalls mit Festonstich umsticken. Fertig!

CHARMBAND

Das brauchst du: ✶ Gliederkettchen mit Verschluss (alternativ kannst du auch Bänder als Verschluss nehmen) ✶ Schrumpfplastikfolie für den Drucker ✶ selbst gemalte oder gescannte Zeitschriftenbilder oder Bilder aus dem Internet ✶ Locher oder Lochzange ✶ kleine spitze Schere (z. B. Nagelschere) ✶ transparenten Nagellack ✶ Jump-Rings ✶ kleine Zange ✶ Kettelstifte oder Draht ✶ Perlen ✶ Bänderreste

So geht's: Die Bilder (z. B. Taschen, Schuhe, Kosmetikartikel, Bild von deiner Freundin usw.) nach Anweisung auf die Folie drucken. Beachte, dass die Bilder spiegelverkehrt und 60 % größer als deine Wunschgröße sein müssen! Jetzt ausschneiden und dabei etwas Rand lassen. Jetzt ein Loch in eine Ecke stanzen und nach Anleitung in den Ofen legen. Jump-Rings an den Charms befestigen und am Kettchen einhängen. Perlen mithilfe von Kettelstifen bzw. Draht und Jump-Rings am Kettchen befestigen (siehe Anleitung „Weiße Perlenohrringe" S. 59). Aus je zwei Bandresten kleine Schleifen machen und ebenfalls mit Jump-Rings befestigen.

Lieblingsteile ♡

1

2

3

1. VOLL IM TREND: KRAGENKETTE

Das brauchst du: ✱ als Vorlage ein halsnahes T-Shirt ✱ Transparentpapier ✱ Stück Filz oder Leder ✱ Schere ✱ kleine Ringösen zum Einschlagen ✱ Perlen ✱ Nadel und Faden ✱ Heiß- oder Bastelkleber ✱ Bindebänder

So geht's: 1. Vorlage anfertigen: T-Shirt in der Mitte falten und die Mitte des Ausschnitts markieren. Wieder auffalten und Shirt flach vor dir ausbreiten. Transparentpapier über den Ausschnitt legen und die eine Hälfte der Ausschnittform bis zur markierten Mitte nachzeichnen. Die Kragenform kannst du ganz beliebig zeichnen. Jetzt die Vorlage ausschneiden und auf die Bruchkante des gefalteten Stoffs legen – so erhältst du ein Kragenteil.
2. Kragenkette anfertigen: Form ausschneiden und an den beiden Ecken die Ringösen einschlagen. Perlen zu einer langen Kette auffädeln und schlangenartig auf den Kragen kleben. Alternativ kannst du auch die Perlen einzeln aufkleben oder nähen. Zum Schluss noch die Bindebänder durch die Ösen ziehen. Fertig!

2. KANN MAN NIE GENUG HABEN! HAARGUMMIS

A) RETRO-KUGELN

Das brauchst du: ✱ Haargummi ✱ Modelliermasse wie Cernit oder Fimo ✱ Handschuhe ✱ Schaschlikspieße ✱ Backofen und Backpapier ✱ Schere ✱ Nadel & Faden ✱ Folie

So geht's: Zuerst die Folie auf dem Tisch auslegen. Bitte unbedingt Handschuhe anziehen, so vermeidest du zum einen, dass die Modelliermasse unter deinen Nägeln festklebt. Und zum anderen, dass Fingerabdrücke auf die Kugeln kommen. Jetzt werden schöne runde Kugeln geformt. Diese dann mit dem Holzspieß im oberen Drittel vorsichtig durchstechen und das Loch so groß machen, dass sich der Haargummi später problemlos durchziehen lässt. Nun nach Herstelleranleitung backen und auskühlen lassen. Haargummi aufschneiden und durch die Kugeln führen und danach wieder vernähen. Nahtstelle wenn möglich in eine Kugel schieben, fertig!

B) SAMTBAND

Das brauchst du: ✱ Haargummi ✱ Samt ✱ Schere ✱ Nähmaschine ✱ Nadel und aden ✱ Zirkel und Papier ✱ Bleistift

So geht's: Zuerst wird die Vorlage erstellt: Dazu auf einem Papier einen Punkt markieren und mit dem Zirkel einen Kreis mit 3-cm-Radius und einen weiteren Kreis mit 9-cm-Radius ziehen. Die *NZ* von 1 cm ist schon eingerechnet. Die beiden Ringe zwei Mal zuschneiden und rechts auf rechts zusammennähen. Dabei innen 2 cm Öffnung für den Gummi lassen. Samt wenden, Gummi öffnen, einziehen und wieder zusammennähen. Die offene Kante mit der Hand schließen, fertig!

Tipp: Ist dir der Samt zu füllig, einfach ein Pizzastück herausschneiden. Eine Kante mit der Maschine, die andere per Hand nach Einzug des Gummis schließen.

3. SCHLAMPERMÄPPCHEN

Das brauchst du: ✱ 20 x 30 cm fester Stoff ✱ ebenso viel Einlage H180 ✱ 18 cm Reißverschluss ✱ 90 cm Biese ✱ Garn ✱ Nähmaschine mit RV-Fuß ✱ Stecknadeln ✱ Bügeleisen

So geht's: Zuerst werden der Stoff und die Einlage zugeschnitten: Für den Grundschnitt brauchst du ein Rechteck mit den Maßen 20 x 20 cm (18 cm Reißverschlusslänge + 2 cm *NZ*) und je zwei Kreise mit dem Radius 4 cm (*NZ* inbegriffen). Einlage aufbügeln. Erst den Reißverschluss auf das Rechteck setzen, sodass eine Rolle entsteht. Dabei zwischen rechte Stoffseite und Reißverschluss die Biese legen. Jetzt die Rolle auf links drehen und Kreise zusammen mit Biesen feststecken und bei 1 cm *absteppen*. Die Biese kann bereits vorher auf die Rolle gesteppt werden, dabei die Enden am Reißverschluss platzieren und so unauffällig ganz „verschwinden lassen". Jetzt noch mal wenden. Dann ist das Schlampermäppchen einsatzbereit.

DEINE KLEINE

LUFTMASCHENANSCHLAG (LM)

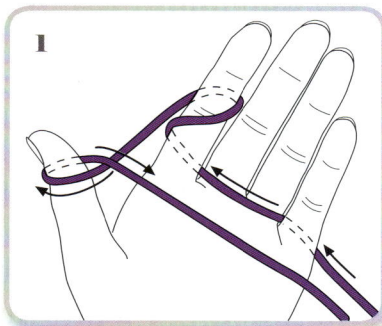
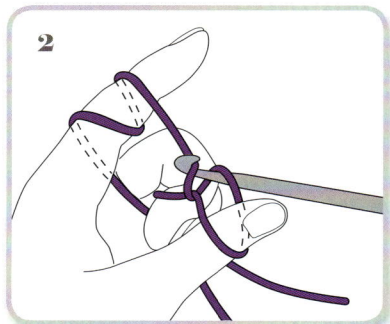
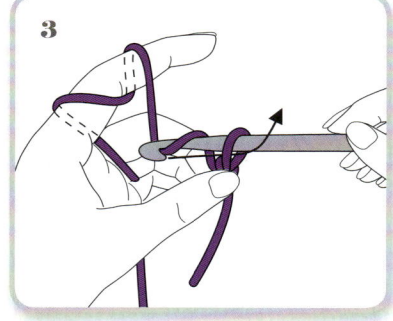

Jede Häkelei beginnt mit einer Schlinge. Dazu den Faden wie im Bild gezeigt um die linke Hand legen.

Jetzt die Nadel von unten in die Daumenschlinge schieben. Den Faden erfassen und durchziehen. Nun den Daumen aus der Schlinge nehmen. Der Anschlagsknoten ist jetzt fertig und eine Schlinge liegt auf der Nadel.

Den Anschlagsknoten mit Daumen und Mittelfinger halten, den Faden vom Zeigefinger mit der Nadel erfassen und durch die Schlinge ziehen. Die erste Luftmasche ist fertig. So lange wiederholen, bis die gewünschte Luftmaschenzahl erreicht ist.

FADENRING (FR)

FESTE MASCHE (fM)

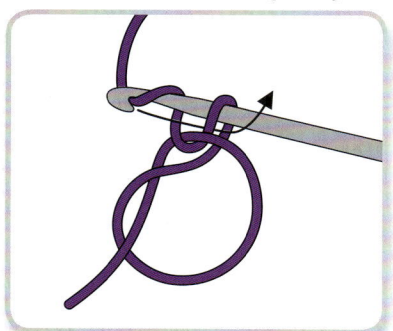
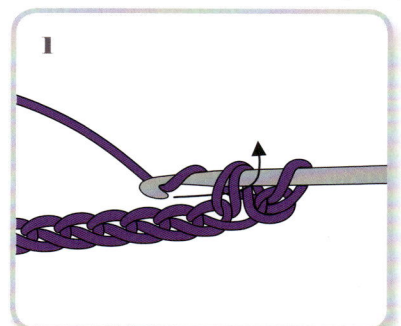
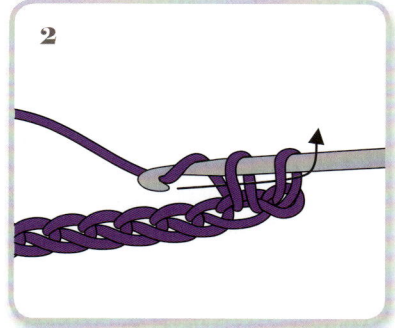

Faden zur Schlinge legen, einstechen, Faden um die Nadel legen und durchziehen. Arbeitsfaden um den linken Zeigefinger legen, den Kreuzungspunkt des Fadenrings festhalten und eine Luftmasche häkeln. So viele Maschen wie angegeben in den Ring häkeln, dann festziehen.

In die vorgesehene Masche einstechen und den Faden von hinten nach vorn um die Nadel legen.

Den Umschlag durchziehen. Den Faden erneut um die Nadel legen und durch beide Schlingen ziehen. Jetzt ist die erste Masche fertig. Nun in die nächste Luftmasche einstechen und die Schritte 1 und 2 so oft wie benötigt wiederholen.

HÄKELSCHULE

KETTMASCHE (KM)

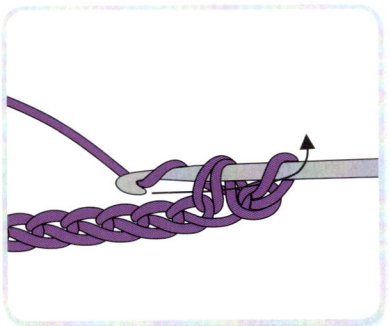

Luftmaschen anschlagen, durch die zweitletzte Luftmasche Faden holen und durch die auf der Nadel liegende Schlinge ziehen, in die nächste Masche einstechen, Faden holen und durchziehen. Wiederholen.

HALBES STÄBCHEN (hStb)

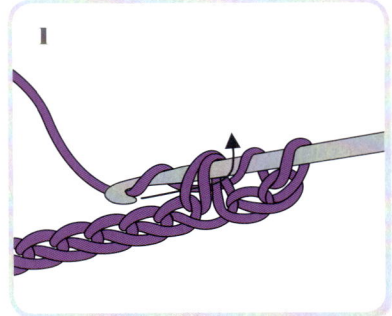

Einen Umschlag um die Nadel legen und in die vorgesehene Masche einstechen. Den Faden um die Nadel legen und diesen Umschlag durch die Masche ziehen.

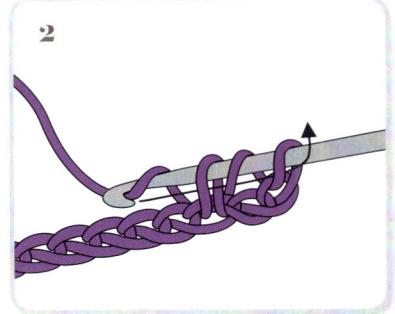

Den Faden wieder um die Nadel legen und den Umschlag durch alle Schlingen ziehen. Das erste halbe Stäbchen ist jetzt fertig. So oft wie benötigt wiederholen.

STÄBCHEN (Stb)

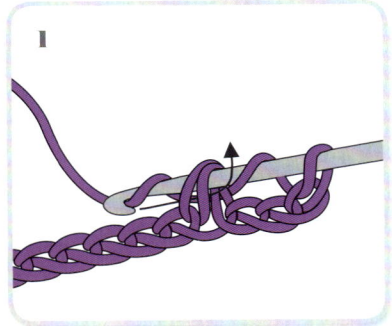

Luftmaschen anschlagen. Dann einen Umschlag um die Nadel legen und in die vorgesehene Masche einstechen. Den Faden nochmals um die Nadel legen und durch die Masche ziehen. Den Faden wieder um die Nadel legen.

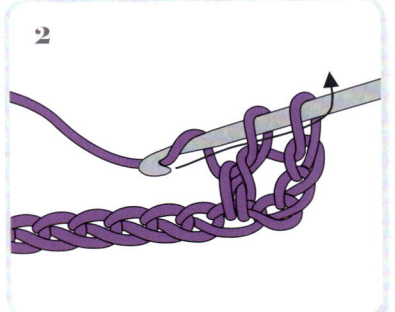

Diesen Umschlag durch zwei auf der Nadel liegende Schlingen ziehen. Den Faden wieder um die Nadel legen.

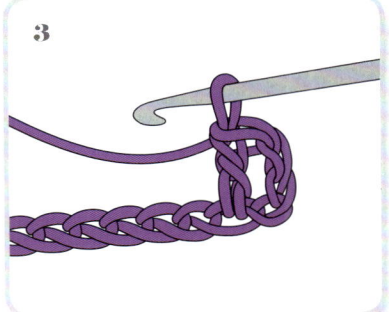

Diesen Umschlag durch beide Schlingen ziehen. Das erste Stäbchen ist fertig. So oft wie benötigt wiederholen.

ZWEI STÄBCHEN ZUSAMMEN ABMASCHEN

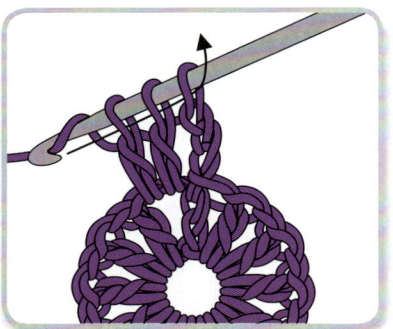

Ein Stäbchen häkeln, aber nur einmal zwei Schlingen abmaschen. Dann das zweite Stäbchen nur so weit wie das erste Stäbchen arbeiten. Mit einem Umschlag den Faden durch alle drei Schlingen ziehen. Entsprechend bei anderen Maschenarten verfahren.

DOPPELSTÄBCHEN (DStb)

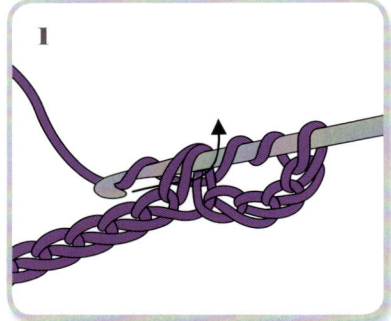

Zwei Umschläge um die Nadel legen und in die vorgesehene Masche einstechen. Den Faden erfassen und durch die Masche ziehen. Es sind vier Schlingen auf der Nadel.

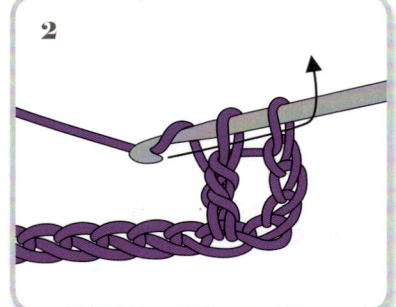

Einen neuen Umschlag durch die ersten beiden Schlingen ziehen. Einen weiteren Umschlag durch die nächsten beiden Schlingen ziehen und dann einen Umschlag durch die letzten beiden Schlingen.

IN RUNDEN HÄKELN

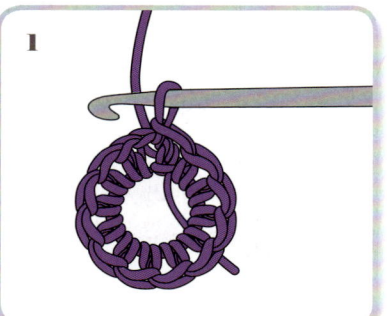

In eine Luftmasche oder wie hier in einen Fadenring die gewünschte Anzahl an festen Maschen häkeln. Dann die Runde mit einer Kettmasche in die erste feste Masche schließen.

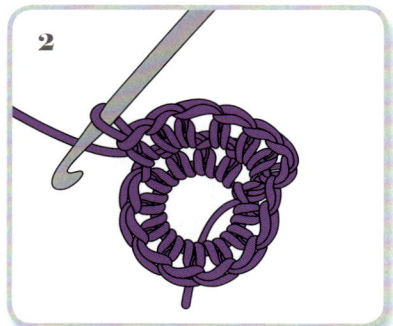

Jede Runde mit der für die Maschenart entsprechenden Anzahl an Luftmaschen beginnen. Pro Runde gemäß Anleitung zunehmen.

FARBWECHSEL

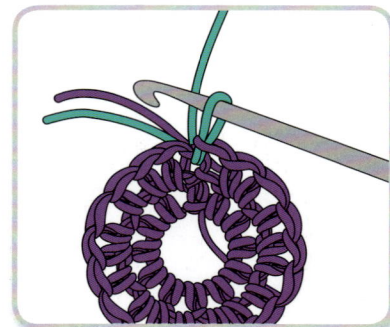

Die letzte Masche der Vorrunde in der neuen Farbe abmaschen. Beide Fadenenden zurückschneiden und auf die Maschenglieder der Vorrunde legen. Die folgenden vier bis fünf Maschen über die Fadenenden der Vorrunde arbeiten. Die Enden in der Masche verstecken.

KREUZSTÄBCHEN (KStb)

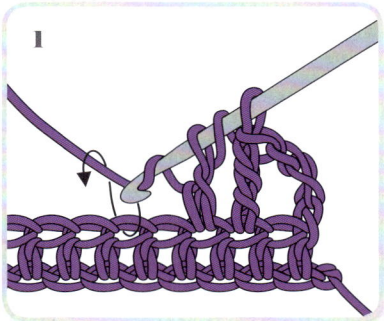

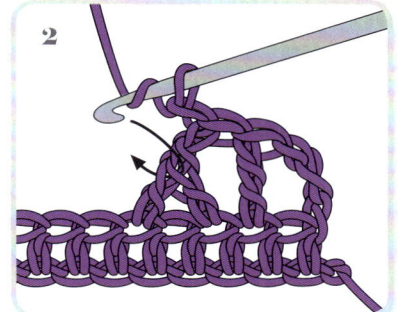

IN SPIRAL-RUNDEN HÄKELN

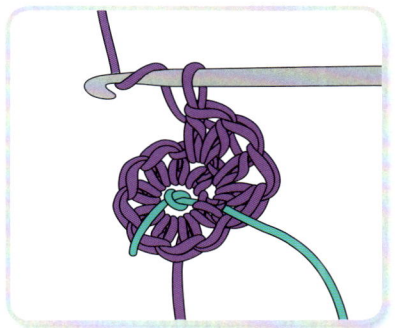

Mit einem nicht vollständig abgemaschten Doppelstäbchen beginnen: Dafür zwei Umschläge bilden, in die folgende Masche der Vorreihe/-runde einstechen, den Faden holen und durchziehen. Nochmals den Faden holen, aber nur durch zwei der vier Schlingen ziehen.

Wieder einen Umschlag bilden und in die übernächste Masche einstechen, Faden holen und durchziehen. Nun alle auf der Nadel befindlichen Schlingen je zwei und zwei abmaschen. Dann eine Luftmasche und ein Stäbchen in den Kreuzungspunkt des Doppelstäbchens arbeiten.

In einen Luftmaschenring oder wie hier in einen Fadenring die gewünschte Anzahl an Maschen arbeiten. Die Runden nicht mit einer Kettmasche schließen, sondern immer direkt in die erste Masche der Vorrunde einstechen. Den Rundenanfang mit einem kontrastfarbigen Faden markieren.

POMPON

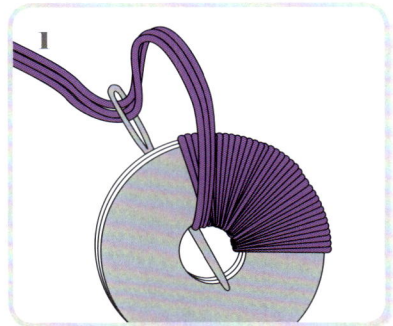

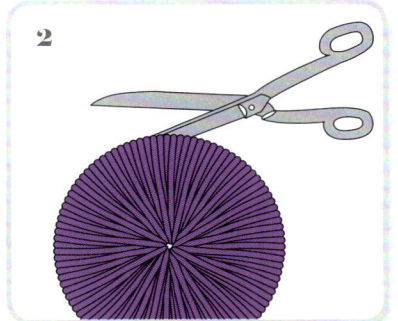

Aus fester Pappe zwei Kreise mit einem mittigen Loch jeweils mit dem in der Anleitung angegebenen Durchmesser anfertigen. Diese beiden Pappkreise aufeinanderlegen. Garn mit einer Wollnadel durch die Mitte führen und so den Ring locker und dicht umwickeln.

Mit einer Schere die Umwicklung vorsichtig am Rand zwischen den beiden Pappringen aufschneiden und die Ringe etwa 1 cm weit auseinanderziehen.

Mit einem doppelten Faden zwischen den Pappringen den Pompon fest abbinden und die Fäden gut verknoten. Mit diesen Fäden kann der Pompon später angenäht werden. Pappringe abziehen und Pompon in Form schneiden.

IMPRESSUM

Konzept und Redaktion:
Verena Roskos (Vision Media GmbH)

Projektleitung:
Astrid Spüler (Christophorus Verlag)

Entwürfe und Umsetzung:
Martina Unterfrauner (www.misu-design.de)
Julia Mayer (www.juliamayer.eu)

Gesamtgestaltung und Satz:
Melanie Müller (www.novus-design.de)

Fotografie:
Simone Hoffmann (Vision Media GmbH)

Styling:
Christine Letzner

Reproduktion:
RTK & SRS mediagroup GmbH

Druck und Verarbeitung:
Neografia, Slowakei

ISBN 978-3-8388-3600-3
Art.-Nr. 3600

© 2015 Christophorus Verlag GmbH & Co. KG
Freiburg

Alle Rechte vorbehalten

Alle gezeigten Modelle, Illustrationen und Fotos sind urheberrechtlich geschützt. Jede gewerbliche Nutzung ist untersagt. Dies gilt auch für eine Vervielfältigung bzw. Verbreitung über elektronische Medien. Autorinnen und Verlag haben alle Angaben und Anleitungen mit größtmöglicher Sorgfalt zusammengestellt. Dennoch kann bei Fehlern keinerlei Haftung für direkte oder indirekte Folgen übernommen werden. Der Verlag übernimmt keine Gewähr und keine Haftung für die Verfügbarkeit der gezeigten Materialien.

HERSTELLER

Hier findest du die Internetadressen der Hersteller, deren Produkte wir im Buch verwendet haben.

Buttinette
www.buttinette.de

Rayher Hobby
www.rayher-hobby.de

Rico Design
www.rico-design.de

Hemmers
www.stoffe-hemmers.de

Marabu
www.marabu.de

Prym
www.prym-consumer.com

Schachenmayr
www.schachenmayr.com

Baier & Schneider
www.knorrprandell.com